JN281766

現代デモクラシー論のトポグラフィー

democracy topography

中道　寿一　編著

日本経済評論社

はじめに——現代デモクラシーの位相について

中道　寿一

1

政治は常に変動を前提とするものであるが、一九八九年以降の政治変動は、その範囲と深度から見ても、時代を画する変動であることに異論はないであろう。だとすれば、政治社会において「生き住み暮らす」人間の有様に深くかかわるデモクラシーが、この変動の影響を受けないわけにはいかない。その意味において、デモクラシーは、「未完のプロジェクト」であると同時に、「時代と社会の鏡」でもあり、したがって、現代デモクラシーとその理論は、現代という「時代と社会」の現実を反映するとともに、その現実と理念との緊張関係の中から、新たな可能性を追求するものでなければならない。

現代デモクラシーは、今、グローバリゼーションやローカリゼーションなどの影響を受けながら、新たな展開を示しているのであるが、この現実を踏まえて、現代デモクラシーの理論も再構築および新たな展開を迫られている。それゆえに、今、それぞれの研究分野においてデモクラシーとその理論の現状を把握し、さらに、その可能性について論ずることは、現代世界を考察し、未来を構想するうえで不可欠な作業ではないだろうか。本書においては、それぞれの研究分野とデモクラシーとの関係を念頭に置きながら、各自、喫緊と思うテーマを設定し、自由にデモクラシーについて論じてみた。トポグラフィーとは、地勢図や地形図、あるいは、「(精神・社会・学問上の分野などにおいて、各部門が他の部門および全体とどんな関係にあるかを示す)機構の図式的概要、機構の輪郭」を意味する言葉であるが、『現代デモクラシー論のトポグラフィー』という名を冠した本書は、現代デモクラシー論のすべてを網羅するというのではなく、政治学、政治史、政治思想史、憲法学、国際関係論、地域研究というそれぞれの分野において今一度デモクラシーを捉えなおすことで、現代デモクラシー論の輪郭を浮き彫りにしてみようという一つの試みである。

2

ところで、二〇世紀は、「革命と戦争の世紀」であっただけではなく、「デモクラシーの世紀」でもあった。S・P・ハンチントンの示すように、二〇世紀においては、第一次世界大戦前後、第二次世界大戦直後、そして、一九七〇年代から冷戦終結までの三つの時期を経て、独裁や権威主義体制の危機と崩壊が見られると同時に、デモクラシーが多くの国々で採用されるようになった。とりわけ、「民主化の第三の波」といわれる七〇年代以降において、その傾向は顕著である。たとえば、七三年の時点で一二二の国の中で、非民主主義国は九二ヵ国であり、民主主義国が三〇ヵ国であったのに対して、九〇年には一二九ヵ国中、非民主主義国は七一ヵ国に減少し、民主主義国は五八ヵ国に増大した。まさに南欧から始まったこの民主化の波は、ラテン・アメリカ、アジアへと波及して、再びヨーロッパへ戻り、ソ連や東欧の共産主義体制を崩壊させるという、二〇世紀後半の最も重要なグローバルな政治現象であった。

ところで、このハンチントンの「民主化」の前提としているデモクラシーとは、いかなる内容のデモクラシーであるのか。ハンチントンは、J・シュンペーターのデモクラシーの定義、すなわち、「民主主義的方法とは、個々人が人民の投票を獲得するための競争的闘争を行うことにより、決定権力を得るような形で、政治的決定に到達する制度的装置である」という定義を採用している。この手続き的な仕組みとしてのデモクラシー理解は、普通選挙制度や複数政党制の存在、数年に一度の投票を前提として、「人民」の投票を獲得するための政治家（エリート）たちによる「競争的闘争」という現実主義的理解に基づく、エリート主義的デモクラシー論を構築し、古典的デモクラシー論とは鋭く対立する。

周知のように、デモクラシーの語源は、ギリシア語で「人民の支配（権力）」を意味するデモクラティア（dêmokratia.［dêmos 人民＋kratos 権力・統治］）であり、ポリスという小規模な政治社会におけるデモスの直接参加を前提とした古代のデモクラシーは、プラトンの「哲人政治」論やアリストテレスの「混合政体」論にみられるように、今日のようなプラス・イメージで捉えられてはいなかった。むしろ、民衆の支配するデモクラシーは、衆愚政治へ傾斜する危険な支配形態とみなされ、マイナス・イメージで捉えられていたのであり、そのマイナス・イメージは、一八世紀末のフランス革命期に頂点に達する。デモクラシーがプラス・イメージで捉えられるようになるのは、「デモクラシーを守るための戦い」

という理由でアメリカ合衆国が参戦した二〇世紀初頭の第一次世界大戦以前、ヨーロッパにおいては対立的にしか捉えられていなかったデモクラシーとリベラリズムとの結合の可能性をA・de・トクヴィルがアメリカ合衆国において発見した一九世紀中頃からである。そして、そうした状況を踏まえて発せられたデモクラシーの定義こそ、古典的デモクラシーを示す代表的な言葉としてしばしば引用されるリンカーンの「人民の、人民による、人民のための政治 government of the people, by the people, and for the people」である。この定義では、人民は公共の利益を認識することができ、かつ、問題解決能力を持っていることが前提されている。市民は自ら様々な問題について決定を行うことができ、また、公共の利益を実現できるということが前提されている。しかし、現代デモクラシーの現実における人民は、古代ギリシアの「デモス」でもないし、ルソーの人民でもない。この人民は、様々な差異を有する市民によって構成されているのであり、また、多くの市民は、古典的デモクラシーの予定している市民とは異なって、重要な運命に関する決定を少数の政治家に委ねてしまい、諸問題について自ら決定しようとしないし、公共の利益を実現しようともしない。古典的デモクラシー論を批判したシュンペーターのエリート主義的デモクラシー論は、こうしたデモクラシーの実態を見据えたうえでの現実主義的なデモクラシー論でもあったのであり、また、こうしたエリート主義的民主主義論に対抗し、市民の参加を強調して登場したものこそ参加デモクラシー論であった。

さらに、現代デモクラシーを考えるうえで重要なことは、自由主義的デモクラシーに対して、「もう一つのデモクラシー」として登場した社会主義的デモクラシーが現実のものとなり制度化されたことによって、デモクラシーが「あらゆる体制の公分母」となったこと、かつて危険な思想であったデモクラシーが「国家の正当化のシンボル」になったことである。加藤節によれば、この「デモクラシーの逆説」によって、所与の体制の「民主化」を問う批判的視点が奪われ、「民主化」の程度を客観的に評価する価値自由な立場の成立条件が失われ、「偽装されたデモクラシー」の出現が可能になったのである。

3

こうした現代デモクラシーの錯綜した状況を整理するためにも、以下のような民主主義概念の対象および民主主義の系譜に関するの丸山眞男の考察を想起することは重要であろう。すなわち、「民主主義概念に関する三つの対象」として、政治形態 Democratic Government 社会機構 Democratic Society 生活ないし行動の様式 Democratic Way of Life があり、「三つの対象のおのおのと交叉する抽象性のレベル」として、民主主義的な理念、民主主義的な理念を建前としてつくられた諸々の制度、国全体の背景をなす歴史的・伝統的な文化を指す場合の三つがあるということを踏まえて、「政治の本来的にもつ要素」と「民主主義の理念」との間に存在する不可避的矛盾を認識しなければならないということ。また、民主主義の系譜としては、市民の参加を前提とした「ポリス的民主主義」（公的民主主義、一元論）の系譜と、立憲主義を前提とした「キリスト教および中世に由来する民主主義」（私的民主主義、二元論）の系譜があり、前者の特質としては、「公共事に参加する市民の範囲が広ければ広いほど民主的」であり、「参与することが多ければ多いほど民主的」であり、「参与の方法が多様であるほど民主的」であることがあげられ、後者の特質としては、「権力の分割、その間の相互の牽制と均衡」と「法の支配」

があげられる。本書は、こうした民主主義概念の対象および系譜の区分を前提としながら、民主主義に関して、様々な領域において、さまざまなアプローチを行っている。

デモクラシーが市民の様々な要求を具体的な政策へと組み替えていくための政治システムであるとするならば、市民は自らにとって望ましい政策的結果を得るためにも政治に積極的に参加しなければならない。にも拘らず、政党離れや投票率の低下の傾向を示しているわが国だけでなく、現実の多くの民主主義国において、政治や政府に対する幻滅感が顕著となっている。現代デモクラシーにおいては、もはや古典的デモクラシーの想定していた市民像、すなわち、市民は「賢明で愛国主義的で、公平無私である。その唯一の願いは、それぞれの争点において、どちらが正しいかを知り、競争している候補者たちの中から最良のものを選ぶことである。彼の常識は、自国の憲法についての知識に助けられて、自分の前に提出された議論のいずれが正しいかを賢明に判断する能力を彼らに与えるであろうし、他方、彼自身の熱心は彼を投票所に赴かせるに十分である」（J・ブライス）という市民像をそのまま前提とすることはできない。デモクラシーは、政治参加の有様如何によってまさに内側から容易に空洞化しうるものなのである。その意味において、現代デモクラシー論にとって市民の政治意識の問題は不可欠なのである（第一章）。

デモクラシーの一つの潮流である社会民主主義は、「議会政治を通じて資本主義経済のもたらす様々な弊害、とりわけ甚だしい貧富の格差を是正し、労働者の生活保障を実現しようという考えであり、福祉国家の最も重要な推進力となった政治的イデオロギー」（新川敏光）であるが、西欧諸国の社会民主主義政党は一九八〇年代後半からその綱領や政策プログラムの見直しを開始した。イギリス労働党の

「政策刷新」もその一つであるが、九〇年代後半、イギリス労働党は政権を獲得し、グローバリゼーションに適した新たな社会民主主義モデルとなっている。したがって、社会民主主義の転換を分析し、その新しいモデルの帰趨を考察することは、現代デモクラシーの可能性を考察するうえで重要である（第二章）。

民主主義的諸制度は、民主主義の理念に基づいて形成されたとしても、民主主義の理念を汲み尽くすことなどありえない。制度は常にその存在をその理念によって照らし出され、その理念の実現によって測定される。したがって、制度と理念の緊張関係が消失ないし弛緩するとき、制度は崩壊ないし形骸化する。だとすれば、社会主義体制の崩壊と冷戦構造の終結を「歴史の終焉」として捉え、「自由民主主義の勝利」とそのグローバル化が語られるとき、自由民主主義を批判の射程において捉える「ラディカル・デモクラシー論」は、デモクラシーの深化にとって重要である（第三章）。

丸山は、市民の参加を前提とするデモクラシーの系譜と、立憲主義を前提とするデモクラシーの系譜とを区別したが、この二つのデモクラシーは、幾つかの重要な観点において異なっている。たとえば、J・ブロンデルによれば、人間性に関して、前者の民主政治は楽観的であるのに対して、後者の立憲主義は悲観的であり、優先目標に関して、前者は「誰が権力をもつ（べき）か」を重視するのに対して、後者は「ルールを設けることによって維持する」ことを重視する。しかし、「民主政治は法の保護を必要とするので、立憲政治がないと無力化する。立憲政治は民主政治がないと、少なくとも現代の世界で正当性を欠くことになり、立憲政治が代表するものに対する支持を失う」［猪口孝、七九］というように、両者は相互補完的な関係にある。したがって、現代デモクラシーを論ずる場合、憲法学の視点は不可欠である（第四章）。

従来、国際社会において民主的な制度や手続きを確立してきたのは国連をはじめとする国際機関であったが、国連といえども、その中身や実質を決めることはできない。しかし、国境を越えて活動するNGOやNPOの増大は、国際レベルの民主的エートスを醸成するだけでなく国内の民主政治の規範を促進することができるようになっている。そして、「民主化の第三の波」のようなデモクラシーの拡大によって、デモクラシーを実態的なものから手続き的なものとしてとらえるという、デモクラシーに対する「新しい見方」が生じただけでなく、西欧デモクラシーのグローバリゼーションのもっている「新植民地主義的でパターナリスティックで覇権的な意図に対する警戒心」からも、「異なる歴史的発展の軌跡を反映した、地域的または文化的な現象」としての、デモクラシーに対する「新しい見方」が生じた。それゆえ、「アジア型民主主義」や「アジア的価値」は、デモクラシーの多様性を考察する上できわめて重要である。さらに、ジェンダーの視点を据えることによって、これまでに確立されていた社会構造や公私の区別に関する見解は再検討を余儀なくされ、現代デモクラシーは新たな地平を獲得することになるのである（第五章、第六章）。

参考文献

S・P・ハンチントン［一九九五］坪郷・中道・藪野訳『第三の波――二十世紀後半の民主化』三嶺書房。
日本政治学会編［二〇〇二］『年報政治学二〇〇一　三つのデモクラシー――自由民主主義・社会民主主義・キリスト教民主主義』岩波書店。
猪口孝／E・ニューマン／J・キーン編［一九九九］『現代民主主義の変容――政治学のフロンティア』有斐閣。

加藤節編［一九九三］『デモクラシーの未来――アジアとヨーロッパ』東京大学出版会。

佐々木毅［一九九九］『政治学講義』東京大学出版会。

丸山眞男［一九九六］『丸山眞男著作集』八巻、岩波書店。

目　次——現代デモクラシー論のトポグラフィー

第一章　現代日本人の民主主義への愛着心と政治意識

竹中　佳彦

「デモクラシーは最悪の政治形態である、これまで試みられてきた他のあらゆる政治形態を除けば」。一九四七年一一月一一日、イギリス首相ウィンストン・チャーチルは下院でそう述べた。デモクラシーが決して最善の政治形態ではなく、悪い部分を含んでいること、とはいえこれ以上の政治形態がいまだかつて存在しなかったことをうまく表現した言い方である。

現在、日本では、ほとんどすべての勢力がデモクラシーに依拠していると称している。二〇〇〇年九月に始まった臨時国会では、参議院選挙の比例区への非拘束名簿式の導入をめぐり、自由民主党・公明党・保守党の連立与党と民主党・日本共産党・自由党・社会民主党の野党とが対立した。野党は、選挙制度はデモクラシーの根幹をなすものなのに、二〇〇〇年二月の各会派の協議会での合意を反故にし、かつ個人の票を政党へ「横流し」できるような問題のある内容のものを党利党略で拙速に導入しようとするのはデモクラシーを破壊するものとして、国会での審議を拒否した。これに対して与党は、審議拒否を行う野党の方こそ、デモクラシーに反していると非難した。双方がデモクラシーをシンボルにして批判し合っているこの戯画的状況は、デモクラシーが――その内容は同一でないにせよ――、日本でプラスのシンボルになっていることを意味している。敗戦から半世紀が経過し、デモクラシーは、なお未熟だとする見解はあろうが、それでも単なる制度以上のものとして日本に定着していると言えよう。

しかし現代日本の有権者は、デモクラシーを一元的に捉え、かつデモクラシーの現状を肯定的に見ているのだろうか。決してそうではあるまい。「戦後民主主義」は、ＳＣＡＰ／ＧＨＱ（連合国総司令官総司令部）によってもたらされ、戦前体制を否定するものであったため、戦前体制に郷愁を感じる者にとっては怨嗟の対象となってきた［蒲島・竹中、一九九六：第三章］。また「戦後民主主義」は、過度の平等主義と公共心の喪失とをもたらしたとして非難の対象ともなっている。

他方、現在、国民の多くは、国政や地方政治に自分たちの意見が届いていないと感じ、政治に対する不信や不満が増大している。たとえば行政の最高権力者である首相が、与党――とりわけ自民党の派閥――の意向によって決められ、しかもリーダーシップを発揮していない。また何十年も前に決まった計画に従って巨額な経費が投入され続けてきた公共事業について、「無駄」であるとの批判が出ても、官僚やそれを統制すべき政治家が、行政の継続性や合理的な政策判断の結果であることを強調し、見直しに消極的である。こうしたことから国民の多くは、議会や行政が機能不全に陥っていると感じ、首相公選論や住民投票などの直接民主主義的な要求が強まっている。

デモクラシーは、民主主義、民主制、民主政治などと訳されるように、(ア) 理念・思想・イデオロギー、(イ) 運動、(ウ) 制度・仕組み、もしくはその総体としての体制、(エ) 実際の政治の運用・機能・動態など、多様な側面を有し、かつ多義的であると言えよう。したがって本来、現代日本のデモクラシーを分析するには、多様な面をさまざまな視角から包括的に分析する必要がある。しかし本章で包括的な分析をすることはできないので、別稿［竹中、二〇〇二］とともに、「民主主義への愛着心」という尺度を用いて現代日本人の政治意識の一端を示したいと思う。有権者が民主主義をどう捉えているかは各様だが、各人が思っている民主主義が機能していると判断するかどうかを尺度とするので、民主主義への愛着心は、日本で受容された「戦後民主主義」の評価の面を含んでいる。具体的には、民主主義への愛着心をたずねる際の一般的な設問であるＪＥＳⅡの「日本の民主主義について、あなたは誇りに思っていますか、多少は誇りに思っていますか、誇りには思えないとお感じでしょうか」を用いて実証的に見てみたい（この設問を用いる利点と問題点については［竹中、二〇〇一］）。

ＪＥＳとは「日本人の選挙行動研究会」に相当する英語の頭文字をつなげたもので、一九八三年に綿貫譲治・三宅一郎・猪口孝・蒲島郁夫によって組織され、彼らが同年の参院選後と衆院選前・後に行った全国パネル調査はＪＥＳ調査と呼ばれている。蒲島・綿貫・三宅は、小林良彰・池田謙一を加えて、一九九三年から九六年にかけて七波にわたる全国パネル調査を行った。この調査をＪＥＳⅡ調査と呼び、サンプルは、二〇歳以上の男女を母集団として各回ごとの標本数が三〇〇〇人となるように層化二段無作為抽出法で選ばれた［蒲島他、一九九八：七―一五］。この調査は、一九九〇年代の日本人の政治意識や政治行動を分析するために最も有用なデータである。本章では主に九三年七月の衆院選前・後の第一波・第二波を用いた。ＪＥＳⅡ調査のデータ提供者各位には謝意を表したい。

一　民主主義への愛着心の政治的重要性

デーヴィッド・イーストンは、政治を理解するためには、政党や圧力団体、投票行動などミクロな面の研究を結びつけるものが必要だと考えている（この節は［竹中、二〇〇二］と一部重複する）。つまり政治を構成する要素は、他の要素と相互に関係を持ちながら、共通の全体目的に貢献しているのであり、政治現象は、個々の要素が機能的に相互に関連性を持ったものの全体だというわけである。卑近な例を使えば、自動車というものがなぜ走るのかを理解するには、ハンドルやタイヤ、エンジンなどの部品に分解してそれらがどのようなものであるかを知ることが有用ではあるが、それらが、全体としてどのようにつながれ、どのように作用しているかを関連づけて考えなければ、システムとしての車を理解できない。そこでイーストンは、政治システムという概念を用いて、全体社会のシステムの中の一つのサブ・システムとし、経済システムや文化システムなど他のサブ・システムと切り離し、それらは政治システムの環境を構成するとして、図1-1のようなモデルを示した。

このモデルは、原始的な社会から高度な文明を持つ社会に至るまで、どのような政治社会にも共通して見られるものだとされ、入力（input）→政治システム→出力（output）、そしてフィードバックからなる単純なものである。システム内部はブラックボックスであり、市民はその中を容易に窺い知ることはできないが、政治エリートが入力を何らかの出力に変換している。入力とは、政治システムに情報や

図 1-1　政治システム

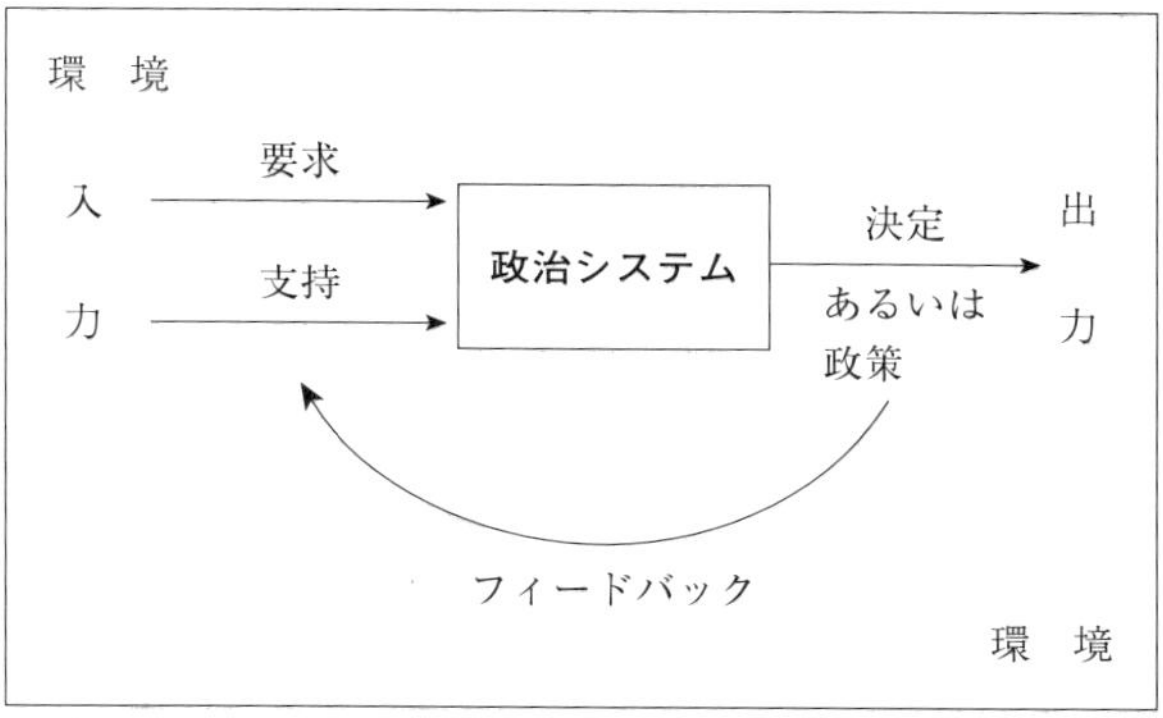

出所：David Easton, "An Approach to the Analysis of Political Systems," in Ikuo Kabashima and Lynn T. White Ⅲ eds., *Political System and Change*, Princeton University Press, 1986, p. 24.

エネルギーを注ぎ込むものであり、要求と支持とに分けられる。要求は、財やサービス、行動の規制、政治参加などを政治エリートに求める、情報としての入力である。しかし政治システムは、問題解決の訴えばかりでは動くことはできず、システムの働きを持続させるためのエネルギーとして、市民の協力的な行動や態度が必要である。これが支持である。支持といっても、特定の候補者に対する支持行動だけを指すのではなく、政党帰属意識や民主政治への愛着心、愛国心などの心理的な支持、抽象的・一般的な支持を含んでいる。そして政治システムにとっては、政治的社会化を通じて、システムへの支持を市民に持たせることができるかどうかが重要である。出力とは、政治エリートによる決定と行為、すなわち具体的には政治システムで決定された政策の執行である。そして市民は、執行された政策を評価し、それを次の入力過程の判断材料とする。政策によって市民の要求や支持のあり方が影響されるというこの機能がフィードバックであり、政治システムの存続・維持にとって必須の要素である［Easton, 1957, 1975］。

イーストンは、政治システムを「政治的共同体」「政治体制」「政府」の上位概念としている。したがって政治システムと政治体制とを混同したような記述は望ましくなかろうが、次のように言うことができよう。強権的な政治体制においても、入力やフィードバックの機能は存在しないわけではないが、相対的に、システムへの要求は限定され、システムへの支持も警察などの強制力によって調達され、フィードバックが機能しにくいことが多い。政治エリートが、要求と出力との間にある齟齬に敏感でないかぎり、体制は長続きしないであろう。これに対して民主体制では、システムへの要求は、選挙によって政党や候補者を選ぶことによって、あるいは利益集団を通じて、政策に反映させることができ、実行された政策の結果が好ましい場合にはそれを実現してくれたアクターへの支持が増すし、政策の結果が好ましくない場合には別の要求をすることができる。特定のアクターが、長年にわたって国民の支持を積み上げていれば、一時的に国民の支持に反する政策を実行しても直ちにそのアクターへの支持が失われるわけではない。そしてそのような民主システムが長期にわたってうまく機能していれば、国民は、民主システム自体に対して愛着心を持つことになろう。民主システムの定着と安定は、国民の民主政治への愛着心や民主的ルールへの従属などに依存していると言えよう。本章で日本における民主主義への愛着心を分析する最大の意味はここにある。

理論的には、民主システムに対する支持は、要求と同様、具体的には個々の有権者の政治参加、とりわけ投票行動を通じて表明されると考えられるであろう。民主主義への愛着心は、心理的な支持とはいえ、議会制民主主義における選挙の重要性を鑑みれば、投票すること自体が民主政治に対する支持の表明と言うことができよう。しかし棄権も、直ちに民主システムの不支持を意味するわけではなく、むしろ民主システムやその下で展開されている政治に満足している場合もあり、反政府活動とは異なるであろう。

有権者と政党（候補者）との関係を消費者と生産者との関係に見立て、民主主義を経済学的に説明したのがアンソニー・ダウンズであった。彼によれば、有権者は、複数の政党の公約する政策から得られる効用を計算し、最小のコストで自らの便益が極大化するように合理的に一票を行使する。他方、政党（候補者）は、権力を獲得・維持するために、すなわち選挙で勝利するために集票の極大化を目指して政策を提示する。選挙とは、有権者と政党とがいわば政策を票によって売買する政治的市場なのである。しかし現実の世界は不確実性が支配しており、たとえば自分が合理的計算の結果、より多くの効用を得られると判断して投票した政党が必ず政権に選任されるとは限らない。そうすると、わざわざ投票所に行って投票するコスト以上の代償が得られない。したがって有権者が投票するか棄権するかは、①各政党（候補者）の提示する政策から得られる効用の期待値の違いがどの程度なのかだけではなく、②有権者が投票に参加するために必要となるコストがどれぐらいか、③有権者の投票への参加によって維持される民主主義システムからどの程度の長期的な利益を得ることができるか、④自分の投票によって選挙結果に影響を与えるか、によっても左右されるとされている［ダウンズ、一九八〇：二二一―五二、二七〇―二八六］。

ライカーとオードシュックは、ダウンズの議論を発展させ、①選挙結果に影響を与える可能性（P）、

②候補者（・政党）間の期待効用値の差（B）、③投票のコスト（C）、④投票の義務を果たしたという満足感（D）を用いて、有権者が投票するか棄権するかについて以下のように定式化した。この式において、有権者が投票行動によって得られる利得（R）が○よりも大きくなればその有権者は投票し、○以下になればその有権者は棄権するとされる。

$$R = PB - C + D$$

④のDは、有権者の義務である投票を果たしたという倫理的な満足感、すなわち投票義務感が代表的なものであるが、ライカーらは、ほかにも(ア)政治システムに対する忠誠を果たしたという満足感、(イ)民主主義にとって重要とされる個々の有権者の多くにとって、その役割を果たせる唯一の機会である投票を行うことで、政治システムに対する有力感を得られたという満足感などが含まれるとしたうえで、投票率を高める要因であることを実証した。(ア)が、民主主義への愛着心に相当しよう［Riker and Ordeshook, 1968 : 25–28, 35–40］。

このように民主主義への愛着心は、政治システムの存続というマクロ政治的に重要な要因であるだけではなく、理論的には、個々の有権者の投票行動にもある程度の影響を及ぼすミクロ政治的にも重要な要因であると考えられる（ただし日本では民主主義への愛着心が投票行動にあまり大きな影響力を持っていないことと、日本における民主主義への愛着心に関する先行研究については［竹中、二〇〇二］、民主主義への愛着心を含む変数で日本人の政治的疎外の構造を分析したものとして［Kabashima et al, 2000］）。

二　民主主義への愛着心と政治的価値態度

(1)　民主主義への愛着心と保革イデオロギー

政治的信念・政治的価値態度の代表的なものは保革イデオロギーや伝統―近代価値、平等価値などであろう。とくに前二者について、三宅一郎は、それらが、八〇年代には、(有権者の期待に応えているという)「応答性」や「制度支持」と相関していることを、綿貫譲治は、しかしそれらが、九〇年代になると、一般に政治支持態度と相関しなくなってきていることを指摘している［三宅、一九八六、綿貫、一九九七］。

日本国憲法は、戦前体制を否定し、「平和と民主主義」を体現するものとして制定された。それを護る革新勢力にとって、日本人の価値態度に残存する伝統的価値観は、日本の近代化を歪めたものとして克服されるべきものであった。他方、保守勢力は、戦前体制への回帰を目指し、憲法は日本の古きよき伝統を失わせるものだとして、改憲を唱えた。つまり保守―革新のイデオロギー対立は、もともと敗戦から一九六〇年にかけて、戦前体制への是非―と安全保障―をめぐって形成され、伝統―近代の価値対立と重なる面があった。また革新的な有権者は平等促進に賛成し、保守的な有権者は平等問題に対して現状維持的であり、保革イデオロギーと平等価値との相関も高い。他方で、保革イデオロギーは、「民主的制度への支持」――「政党（選挙、国会）があるからこそ、庶民の声が政治に反映するようになる」という意見への賛否をガットマン尺度化したもの――との相関が低かった［蒲島・竹中、一九九六：一〇一―一〇九、二四二―二五二、二六四］。はたして民主主義への愛着心と保革イデオロギーとの関係はどうなっているのだろうか。

図1-2ⓐは、保革イデオロギーと民主主義への愛着心との関係を積み上げグラフで示したものである。横軸に保革イデオロギー、縦軸にそれぞれの民主主義への愛着心の割合が示されている。保革イデオロギーは、1が革新的、10が保守的、2から9は、5と6の間を中間に、左によるほど革新的、右によるほど保守的となる一〇段階の尺度で自分のイデオロギーを位置づけてもらったものを用いている。

積み上げグラフを見る場合のポイントについて説明しておこう。第一は図の傾きである。もし民主主義を誇りに思っている人がすべて保守的であり、民主主義を誇りに思っていない人がすべて革新的であり、民主主義を多少は誇りに思っている人がすべて中間的であったとすれば、グラフは縦軸と平行な直線によって区切られる縦割りの図となり、民主主義への愛着心と保革イデオロギーとは完全に相関することになる。逆にどのイデオロギーでも、民主主義を誇りに思う人や誇りに思わない人が同数ずついたとすれば、グラフは横軸と平行な直線によって区切られる横割りの図となり、民主主義への愛着心と保革イデオロギーとは全く相関しないことになる。図が左下から右上へ上がるグラフであれば順相関の、左上から右下へ下がるグラフであれば逆相関の関係にあり、その傾きが急であればあるほど、両変数の相関関係は高いということを意味している。図1-2ⓐの場合には、イデオロギーが2と答えた革新層

図1-2　民主主義への愛着心と保革イデオロギー

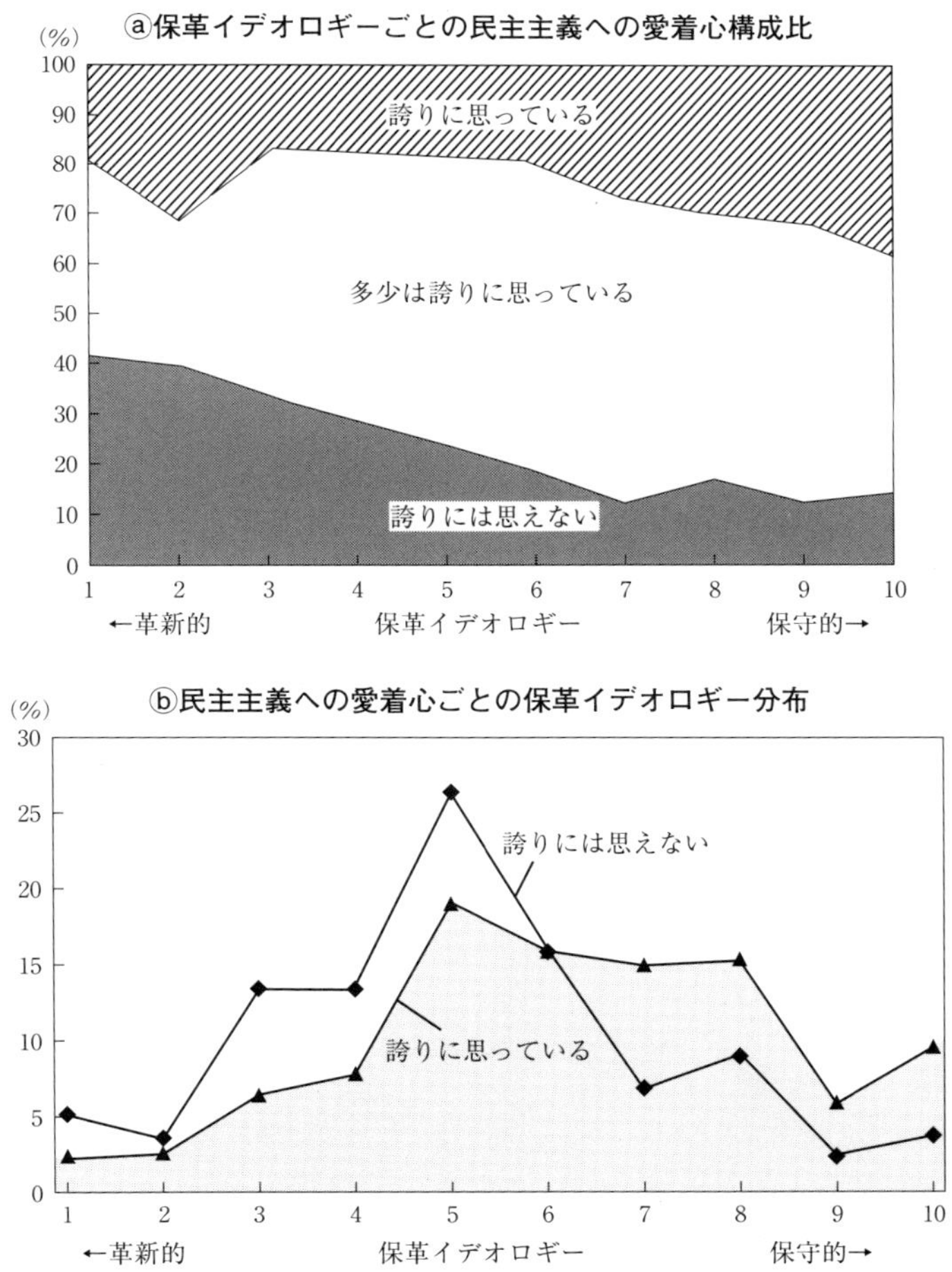

の中に日本の民主主義を誇りに思っている人が比較的多いなど、多少の凹凸はあるものの、全般的には、保守的な有権者ほど民主主義を誇りに思っている人が多く、革新的な有権者ほど民主主義を誇りには思っていない人が多い。つまり民主主義への愛着心と保革イデオロギーとの間には相関関係があることがわかる。両者の相関係数はマイナス〇・一八であった。相関係数はマイナス一・〇からプラス一・〇までの値をとり、プラスは正の相関を、マイナスは逆相関を意味している。相関係数の絶対値が大きいほど相関関係が高いことを示し、絶対値が〇に近いほど相関はない。図1-2ⓐで絶対値がやや小さくなったのは、凹凸が若干多いためであろうと思われる。

第二は、縦割り、横割りに関係なく、特定の意見が占める割合が大きければ大きいほど、国民の多数がその意見で合意しているということである。図1-2ⓐの場合には、民主主義を多少は誇りに思っていると回答した人の割合が、いずれのイデオロギーでも多く、それと民主主義を誇りに思っているという人とを足すと、極端な革新層を除けば、民主主義に誇りを持っている人が国民のほぼ多数であると言いうるであろう。

民主主義を誇りに思っている人と誇りに思っていない人だけを取り出し、それぞれの保革イデオロギー分布を示したのが、図1-2ⓑである。これを見ると、民主主義を誇りに思っている人は、イデオロギーが5のところが最頻値であるとはいえ、6以上のイデオロギーを持った保守的な有権者が多い。逆に民主主義を誇りに思っていない人は、やはり最頻値は5であるが、保守的イデオロギーを持っている人よりは、革新的イデオロギーを持っている人の方が多い。

この結果から、保守的有権者＝民主主義擁護派、革新的有権者＝反民主主義者と捉えるのは短絡的であろう。それは次のような事例を考えればわかる。保革イデオロギーは、年収とほとんど相関していないにもかかわらず、生活満足度と相関している。すなわち革新的な有権者は、理想的な生活水準をより高いところに置き、現在の生活を割り引いて評価するのに対して、保守的な有権者は、自分の生活を実際の生活水準に上乗せして評価する傾向があった〔蒲島・竹中、一九九六：二三九―二四二〕。民主主義への愛着心も、単なる民主システムへの支持ではなく、民主システムに対する評価の面をあわせ持っている。つまり保革イデオロギーによってあるべき民主主義の水準の設定が異なるのであり、革新的な有権者は、保守的な有権者よりも、理想的な民主主義像を高く置いているのであろう。もっとも、今後、保守であれ、革新であれ、イデオロギーを超えて民主主義への愛着心が失われていけば、民主システムそのものが否定されるおそれが出てこよう。

(2)　民主主義への愛着心と伝統―近代価値、平等価値

民主主義への愛着心と保革イデオロギーとの間には相関があることがわかった。それでは、民主主義への愛着心は、伝統―近代価値や平等価値とは相関するであろうか。

「戦後民主主義」は、伝統的社会を解体し、伝統的価値を失わせたと見られている。民主主義への愛着心は、民主主義と反民主主義とを両極とする尺度ではないので、伝統―近代価値と明確な相関は見られないかもしれないが、以下、分析してみよう。伝統―近代価値の指標としては次の四つを用いる。第一は「町内の寄付への同調」、第二は「長となっている人の意見の尊重」、第三は「優れた政治家への委

任」、第四は「議員や知事への尊敬」である。これらの意見に賛成の人は伝統的価値を、反対の人は近代的価値を有していると言える。図1‐3は、民主主義への愛着心と伝統的価値との関係を示したものである。

まずⓐ「町内の人が中心になって集めている寄付には、その趣旨にあまり賛成でなくとも、近所づきあいを保つため、だまって出した方がよい」という意見と民主主義への愛着心との関係から見てみよう。近所付き合いを保つために寄付するという人が、消極的賛成を含め、全体の約半数いる。そのうち民主主義を誇りに思っている人の方が、誇りに思っていない人よりも、黙って出すべきだと考える傾向にある。ただし相関係数は〇・〇八と低い。積極的な反対意見が、民主主義を多少は誇りに思う人よりも、誇りに思っている人の方に多いことなどが相関を低めているのであろう。

次にⓑ「人の長になるような人はすぐれた人なのだから、その人の意見を尊重するのは当然だ」という意見と民主主義への愛着心との関係である。全体として長の意見を尊重するのが当然だという意見は、消極的賛成を含めても少数である。民主主義を誇りに思っている人の方が、誇りに思っていない人よりも、長の意見を尊重すべきだと考える傾向はあるが、相関係数は〇・〇七と低かった。

第三にⓒ「日本の国をよくするためには、すぐれた政治家が出てきたら国民が互いに議論をたたかわせるよりは、その人に任せる方がよい」という意見と民主主義への愛着心との関係を見てみよう。この意見に対しては反対の意見が全体として多数である。民主主義への愛着心の存否によって大きな意見の差は見られない。むしろこの意見に対する積極的な反対意見は、民主主義を誇りには思えない、誇りに思う、多少は誇りに思うの順になっており、相関関係を失わせている。相関係数は〇・〇三とほぼ無相

図1-3　民主主義への愛着心と伝統的価値

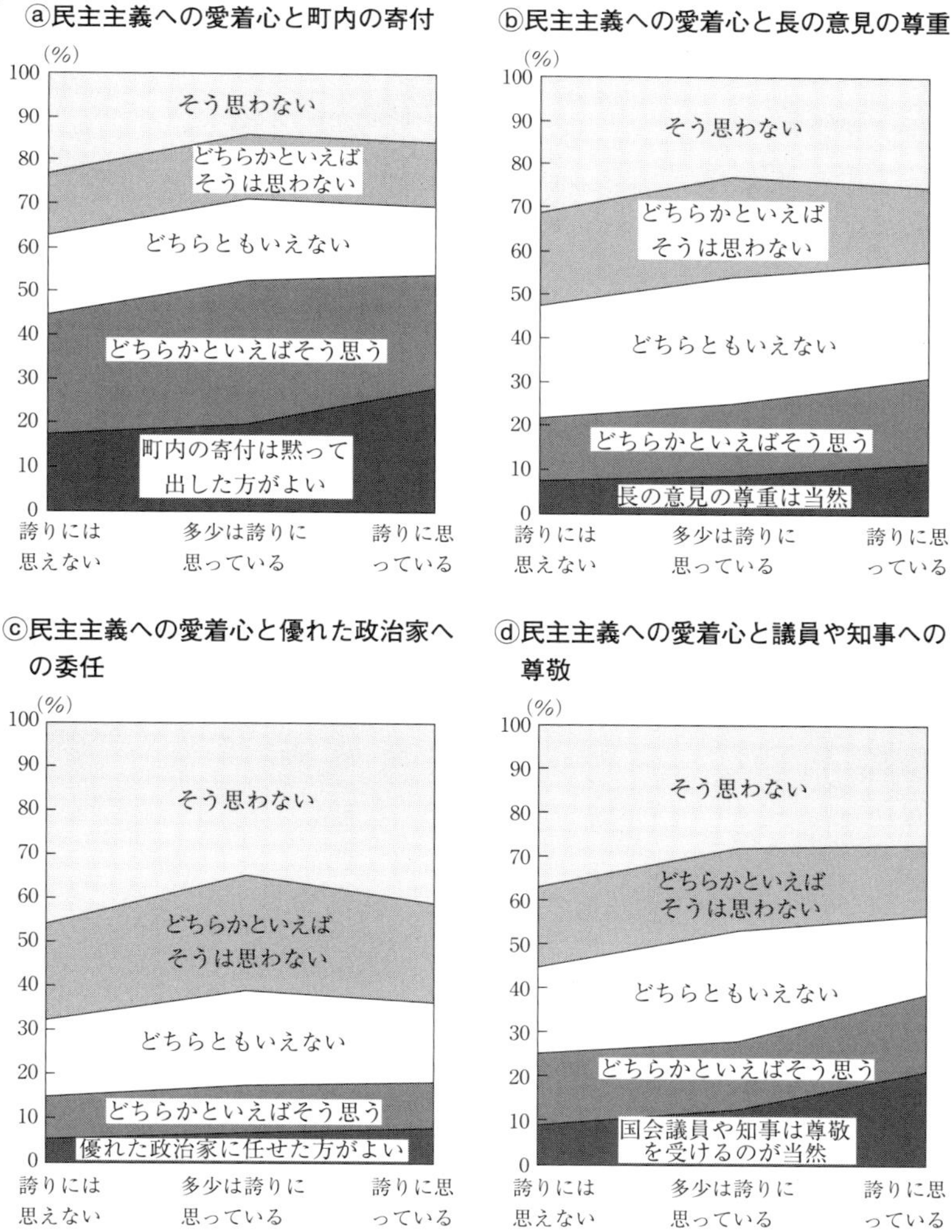

関であった。

最後に ⓓ「国会議員や知事は、国民の代表として、尊敬を受けるのが当然だ」という意見と民主主義への愛着心との関係を見てみることにしよう。議員や知事への尊敬を当然だとする意見への賛成は全体として少ないが、民主主義を誇りに思う人ほど、この意見に賛成する傾向にある。相関係数は〇・一一であった。

以上から、民主主義への愛着心の強い有権者の方がやや伝統的価値を志向しており、日本の民主主義への評価と伝統的価値とはいくらか関係しているが、両者の間に明瞭な相関があるとまでは言えない。ⓑⓒⓓを通じて言えるのは、有権者が、民主主義への愛着心の存否を超えて、全体として、政治家や「長」に対して、不信感や白紙委任はしたくないという気持ちを持っていることである。これは、政治不信や直接民主制に対する志向の背後にある感情と共通するものであろう。そしてⓓの議員や知事への尊敬は、国や地方の現行の政治システムに対する評価と連動し、そのため若干とはいえ、民主主義への愛着心、すなわち現行の民主システムへの評価と相関したのではなかろうか。

それでは、平等価値の方はどうであろうか。「戦後民主主義」は、悪しき平等主義をもたらしたという評価がなされることがある。そもそも民主主義は、それ自体が、平等化をもたらす原理だと言えよう。したがって民主主義と平等価値は相関すると予想される。

平等価値の指標としては次の三つを用いよう。第一は「労働者の発言権の拡大」、第二は「女性の地位向上のための制度的措置」、第三は「弱者と強者の存在の当然視」である。第一と第二の意見に賛成、第三の意見に反対の人は平等価値を有し、それぞれの逆の意見の人は現状維持的であると考えられる。

図1-4は、民主主義への愛着心と平等価値との関係を示したものである。

まずⓐ「労働者は重要な決定に関して、もっと発言権を持つべきだ」という意見と民主主義への愛着心との関係を見てみよう。この意見に対しては、全体として賛成する人が多く、国民の間に労働者の発言権の拡大について合意が存在していると言えよう。しかしこの意見に対する賛否と民主主義への愛着心との間には何らの相関関係も存在しない。相関係数は〇・〇三であった。

次にⓑ「より高い地位やよい職業につく女性をふやすため、政府は特別な制度を設けるべきだ」という意見と民主主義への愛着心との関係を見よう。この意見にも、全体として賛成が多いが、国民の間に合意が形成されているとまでは言えない。この意見への賛否と民主主義への愛着心との間にも相関はない。相関係数は〇・〇一である。

最後にⓒ「世の中に、力のある者と力のない者がいるのは当然だ」という意見と民主主義への愛着心との関係である。この意見に賛成な人は、どちらかといえば賛成を含めて、有権者の多数を占めている。民主主義を誇りに思っている人とそうでない人とを比較すると、前者が不平等の存在を当然視する傾向はあるが、相関係数は〇・〇五と低い。

以上のように民主主義への愛着心は、予想に反し、平等価値とほとんど相関しない。これは、民主主義への愛着心が、民主主義と反民主主義との対立ではないからかもしれない。ただ、「戦後民主主義」が悪平等を生んだという主張の存在にもかかわらず、日本の平均的な有権者は、民主主義を平等主義と関連させて評価しているわけではないのは興味深い。

図1-4　民主主義への愛着心と平等価値

ⓐ民主主義への愛着心と労働者の発言権

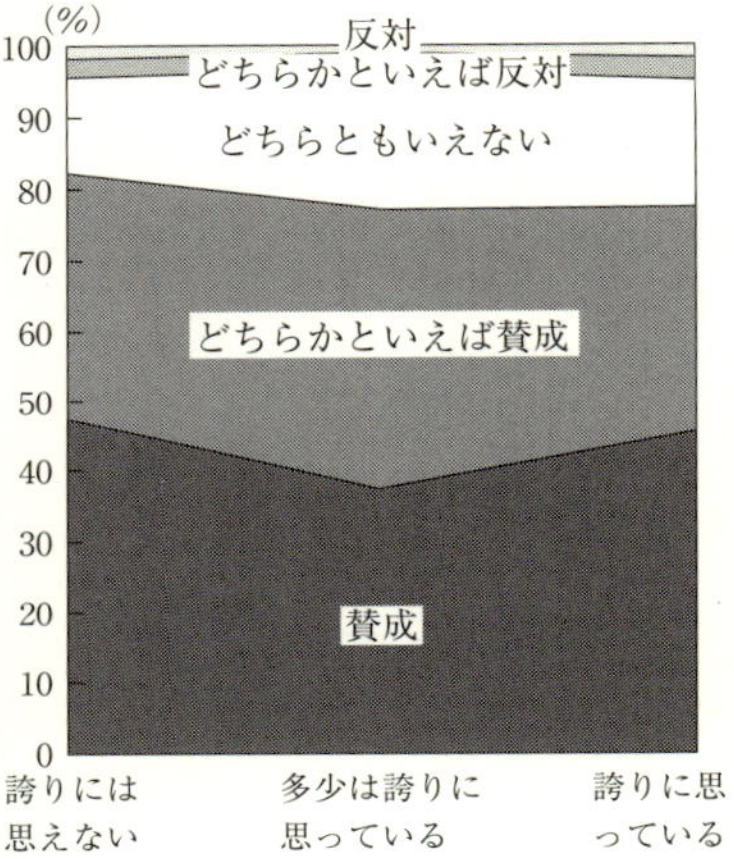

ⓑ民主主義への愛着心と女性の地位向上

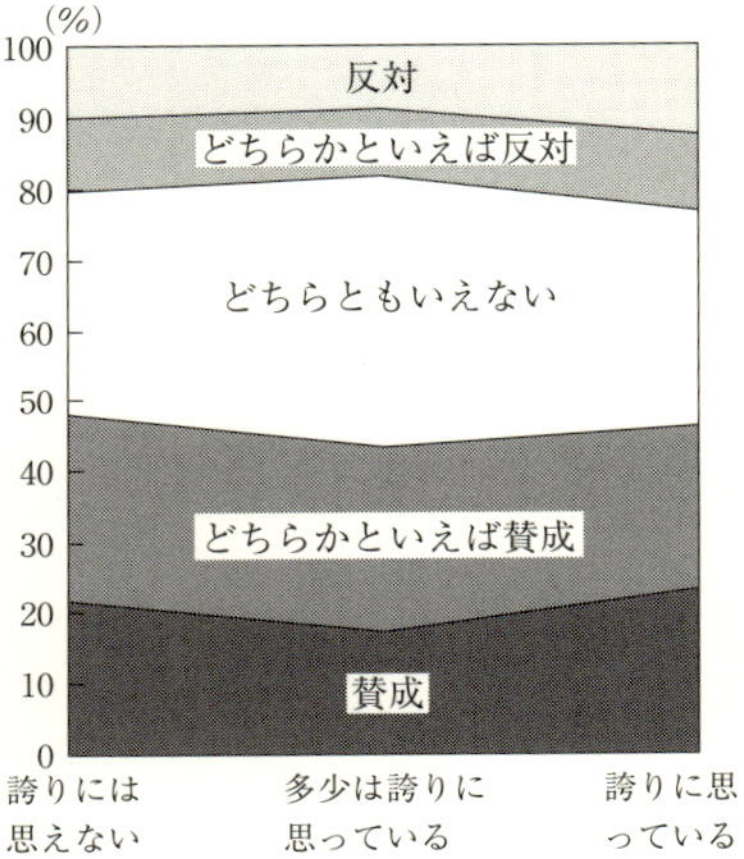

ⓒ民主主義への愛着心と不平等の存在

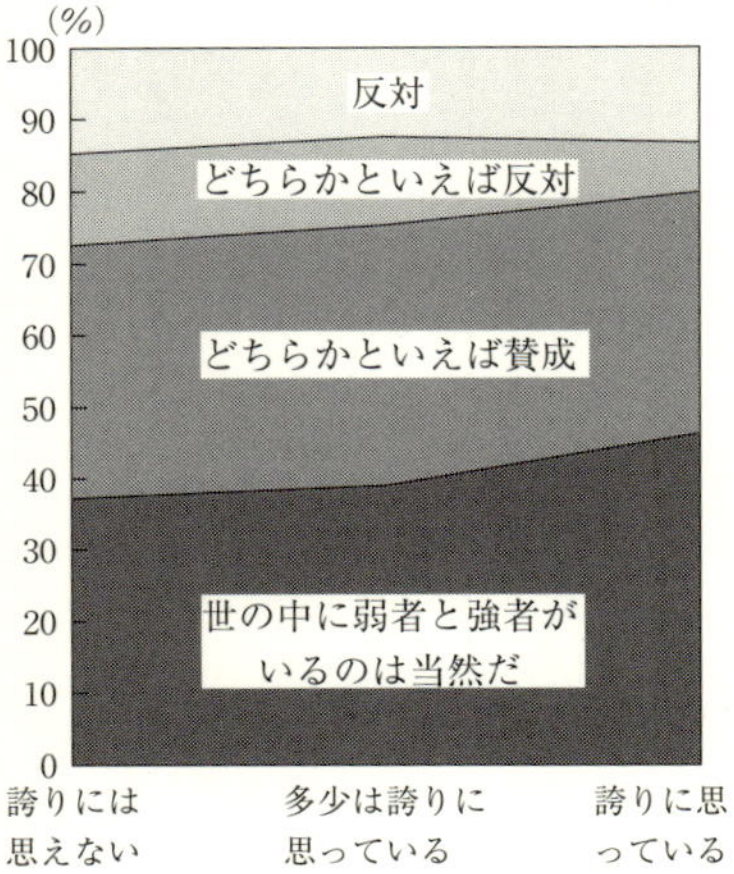

(3) 民主主義への愛着心と個人主義、国家への奉仕

ジョン・F・ケネディがアメリカ大統領に就任した際、「国が君たちに何をなしうるのかではなく、君たちが国に何をなしうるのかを問うてほしい」と述べたことはよく知られている。「戦後民主主義」は個人主義の行き過ぎを生み出し、公共心や国家への奉仕の気持ちを失わせたと非難されている。民主主義は、個人主義とも関係があると考えられる。そこで、民主主義への愛着心と個人主義や国家への奉仕との関係についても見ておくことにしよう。

図1-5ⓐは、「国や社会のことにもっと目を向けるべき」か、それとも「個人の生活の充実をもっと重視すべき」かという対立する意見と民主主義への愛着心との関係を示したものである。全体的には、消極的な意見を含め、国や社会に目を向けるべきだという人が、個人の生活を重視すべきだという人よりも若干多いが、両者の意見はほぼ拮抗していると言えよう。民主主義への愛着心との関係を見ると、民主主義を誇りに思っている人ほど、国や社会に目を向けるべきだという意見が多くなり、個人の生活を重視すべきだという意見が少なくなる傾向がある。しかし相関係数は〇・〇七と低かった。

図1-5ⓑは、「国や社会から何かをしてもらいたい」か、それとも「国や社会のために何かをしたい」かという対立する意見と民主主義への愛着心との関係を示したものである。全体としては、消極的な意見を含めると、国や社会のために何かをしたいと考える人が、国や社会から何かをしてもらいたいと考える人よりもやや多いが、やはり両者の意見はほぼ拮抗している。民主主義への愛着心との関係を

見ると、民主主義を誇りに思っている人には国や社会のために何かをしたいという人が多く、民主主義を誇りには思っていない人には国や社会から何かをしてもらいたいという人が多いが、相関係数はマイナス〇・〇五とやはり低かった。

以上のように民主主義を誇りに思っている人は、個人の生活よりも国や社会に目を向け、国や社会のためになることをしたいと考える傾向がある。しかし民主主義への愛着心と個人主義や国家への奉仕との間には明瞭な相関関係はないことがわかる。

興味深いのは、個人の生活か、国や社会かという抽象的な問いでは全体の利益を考えるべきだとする人がやや多い日本の有権者が、どのような政治家を望んでいるかである。自分の支持政党から、「外交問題など、国全体の問題では活躍するが、地元の面倒をあまりみない政治家」と「中央への陳情の仲介など、地元のための世話役活動に、もっぱら努力する政治家」とが立候補していたと仮定したとき、いずれの候補者に投票するかという問いに対して、民主主義への愛着心の存否に関係なく、地元利益に熱心な政治家という回答が約半数を占めた（図1-6ⓐ）。現実の政治家の選択は、国全体よりも地元利益が優先されているのである。そしていずれの候補者が当選すると思うかという問いには、民主主義への愛着心の存否に関係なく、ほとんどの有権者が地元利益に熱心な政治家と回答した（図1-6ⓑ）。地元利益の追求が全く否定されるべきだとは言わないが、現実には、日本の民主主義は、地元への利益誘導の装置として機能しており、多くの有権者が、そうであることに諦観を持つ人も含め、その現実を認識しているのである。

図1–5　民主主義への愛着心と個人・国家

ⓐ民主主義への愛着心と個人主義

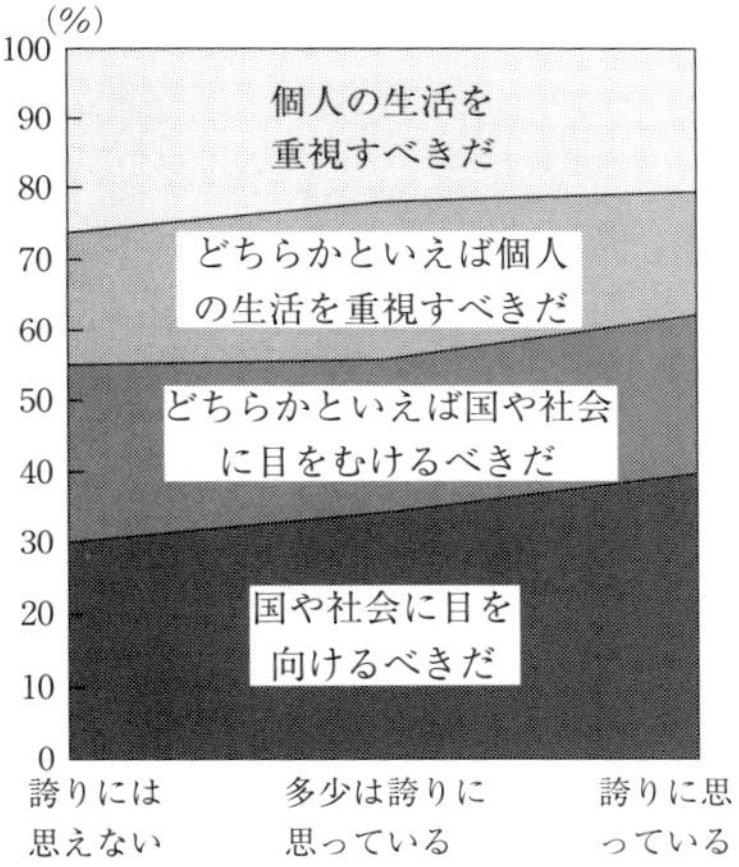

ⓑ民主主義への愛着心と国家への奉仕

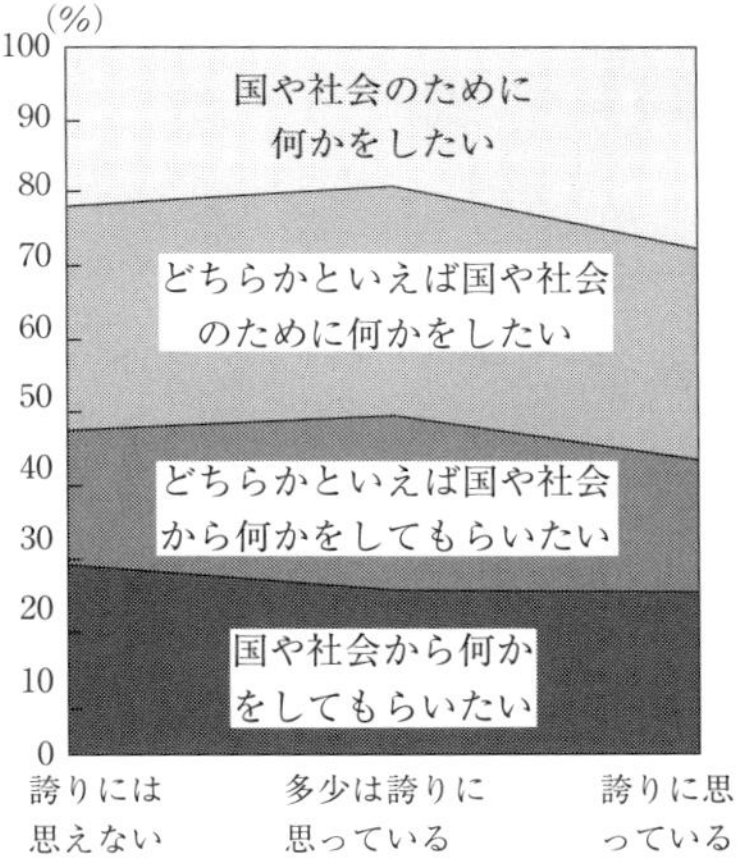

図1–6　民主主義への愛着心と候補者

ⓐ民主主義への愛着心と投票したい候補者

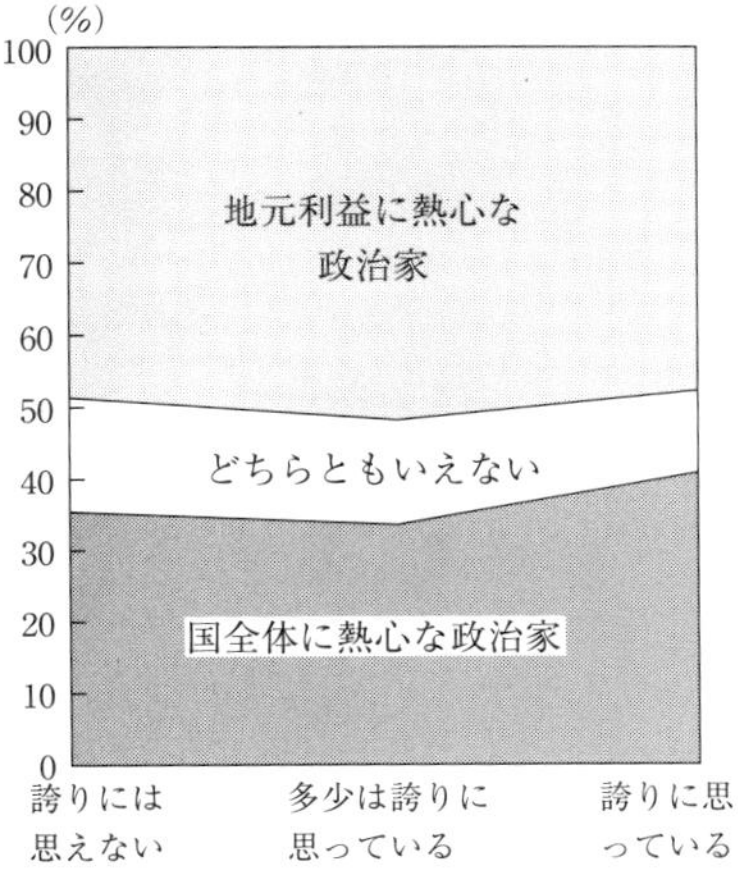

ⓑ民主主義への愛着心と当選すると思う候補者

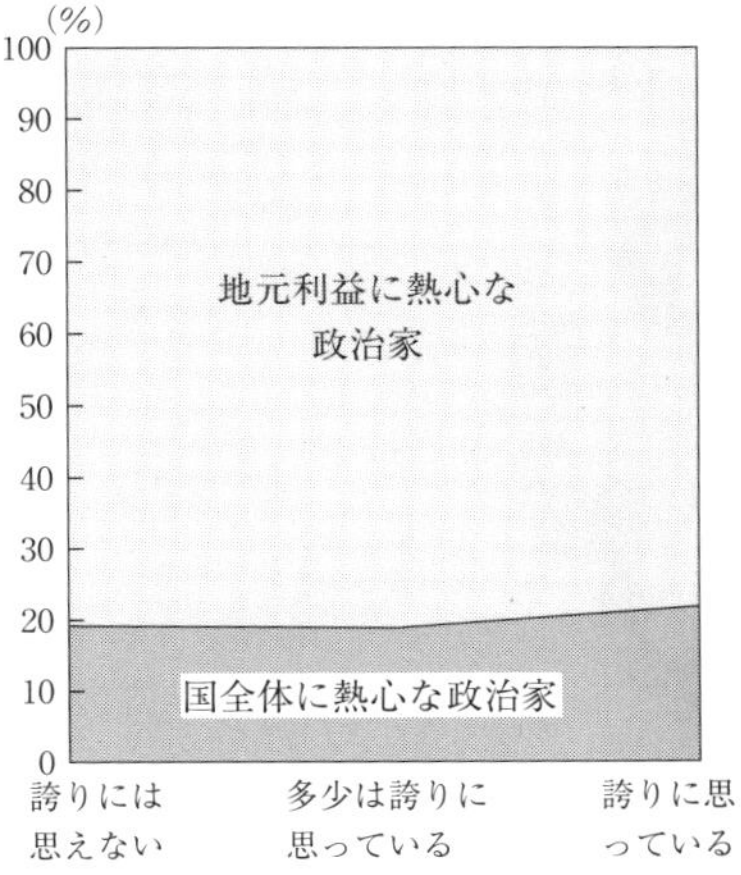

三　民主主義への愛着心と政治的感情

(1)　民主主義への愛着心と政治的関心

政治システムへの支持は、政治的有効性感覚（政治的有力感）や政治的信頼などと密接に関連すると言われている。民主主義への愛着心は、政治システムへの支持の一つである。そこで政治に対する感情である政治的関心や政治満足度、政治的有効性感覚、投票義務感、政治的信頼などについて、民主主義への愛着心との関係を見ていくことにしよう。

初めに政治的関心と民主主義への愛着心との関係について見てみよう。民主主義への愛着心の強い人は政治に関心が高いと考えられる。しかしまた民主主義に対する愛着心のない人も、日本の民主政治に飽きたらないという評価を下しているのだとすれば、政治に相応の関心を抱いているはずである。したがって政治的関心と民主主義への愛着心とは、民主主義を誇りに思っている人と誇りに思っていない人の政治的関心が高く、中間的な存在である民主主義を多少は誇りに思っている人の政治的関心が低くなれば、両者の間に相関関係があると思われる。この場合、民主主義への愛着心と政治的関心との間にはリニア（直線的）な関係がないため、相関係数の値は低くなることに注意する必要がある。

図1−7ⓐは、民主主義への愛着心と日常的な政治的関心、つまり政治に対していつも注意を払っているかどうかを四段階の尺度で聞いたものとの関係を示したものである。相関係数は〇・〇九で、全体としては横割りの図であり、民主主義への愛着心と政治的関心との間には相関がないように見える。しかし政治に対していつも注意を払っている、あるいは時々注意を払っている人の割合は、民主主義を誇りに思っている人が多く、民主主義を誇りに思っていない人がそれに続く。はっきりとした相関があるとまでは言えないが、政治的関心は、民主主義への愛着心とやや相関していると考えることができる。

日常から政治に関心がなくても、選挙のときに関心を持つという場合もある。民主主義への愛着心と九三年衆院選の際に政党や候補者の選挙運動に関心を持っていたかどうかとの関係を示したのが、図1−7ⓑである。これも、相関係数が〇・〇九とあまり高くないが、民主主義を誇りに思っている人が選挙に関心を持つ度合いが高い。しかし民主主義を誇りに思わない人は、多少は誇りに思っている人よりも、選挙に対する関心が低いという予想外の結果となった。これは、民主主義を誇りに思っていない人の中で選挙に非常に関心がある人が少ないうえに、民主主義を多少誇りに思っている人の中で、日常的な政治よりも選挙に関心を持つ人が相対的に多いために起こったと考えられる。全般的に言っても、日常的な政治的関心に比べて、選挙に対する国民の関心が高い。これは、政権交代が焦点になった九三年衆院選が対象になっていたからかもしれないが、国民の多くは、日常的には政治に関心がなくても、選挙には高い関心を有していると言えるのではないか。

選挙に関心があるということは、当然のことながら、選挙後の各党の議席数にも強い関心を示すことになる。図1−7ⓒは、民主主義への愛着心と選挙後の議席数への関心との関係を示したものである。

図 1-7　民主主義への愛着心と政治的関心

ⓐ民主主義への愛着心と政治的関心

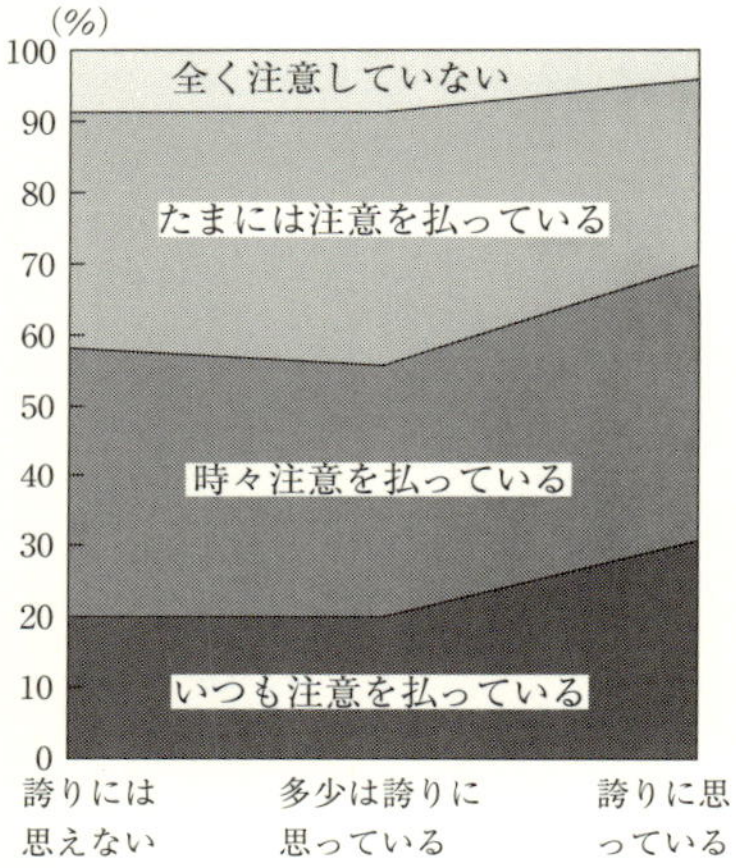

ⓑ民主主義への愛着心と選挙への関心

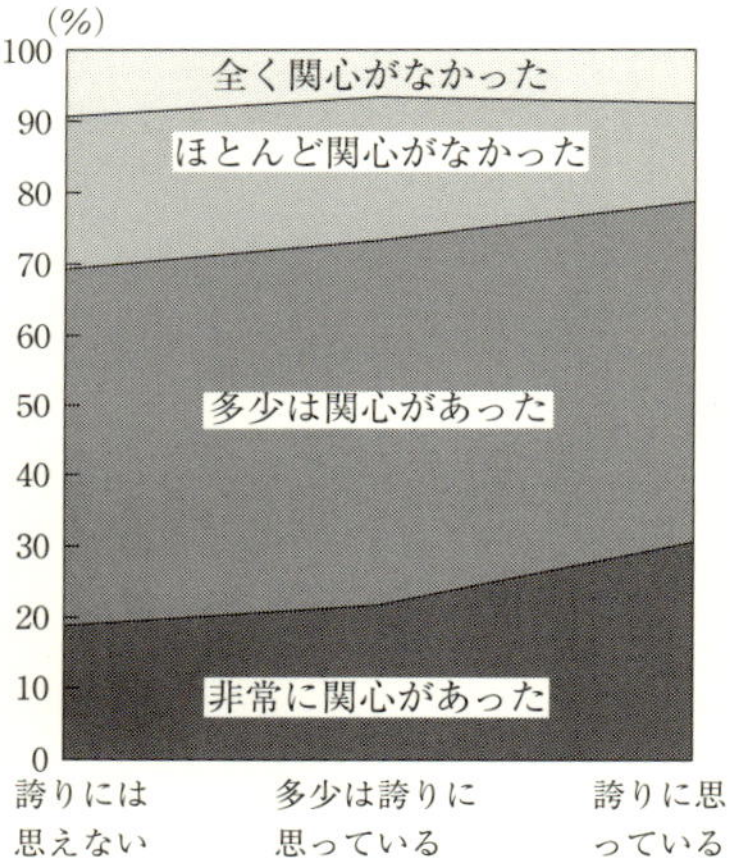

ⓒ民主主義への愛着心と議席数への関心

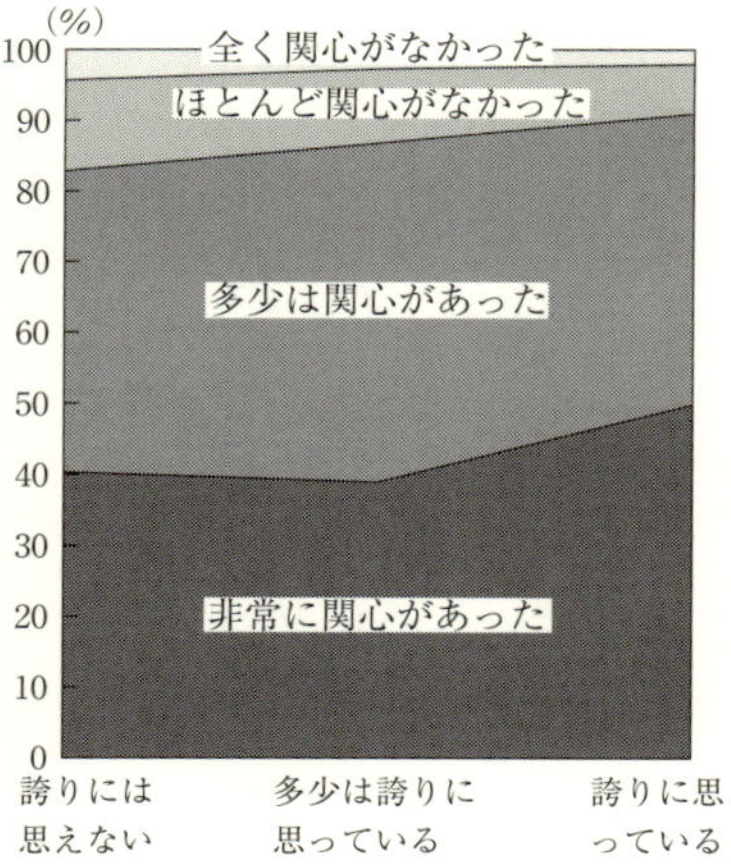

これを見ると、国民の議席数に対する関心は、選挙に対する関心以上に高いことがわかる。ただ、図の形状は、日常的関心と選挙への関心とを折衷したようなものになっている。つまり議席数に非常に関心を持っている層だけを取り上げると、民主主義を誇りに思っている人と誇りに思っていない人との両極で関心が高いのに対して、それに「多少は関心があった」を加えると、民主主義を誇りには思えない人、多少は誇りに思っている人、誇りに思っている人の順に多くなっていく傾向がある。私たちの予想のような関係が両者間にあるとは断言できない。相関係数は〇・〇八であった。

以上のように民主主義を誇りに思っている人は他のグループよりも関心が高い傾向がある。しかし民主主義を誇りに思っていない人と多少は誇りに思っている人については、前者の方が常に政治的関心が高いとは言い切れない。その意味では、政治的関心と民主主義への愛着心とが明確に相関しているとは言えないであろう。

興味深いのは、日本の有権者の間では、日常的な政治への関心よりも選挙への関心、選挙への関心よりも選挙後の議席数への関心が高いということである。選挙後の議席数に関心が高いということは、どのような政権になるのかということに関心があるのであろう。

(2)　民主主義への愛着心と政治満足度、政治的有効性感覚、投票義務感

民主主義への愛着心と政治満足度とは相関するだろうか。一般に政治に満足していれば、民主システムへの満足の度合いも高いと思われる。しかし政治に不満だからといって、直ちに民主システムに対し

ても不満であるとは限らない。現在の政治に対する不満は、内閣や政党、あるいはそれらの政策に対する不満にとどまるかもしれない。仮にそれが民主システムに対する不満へと高じているとすれば、それは、民主システム自体の危機を意味していると言えよう。ただ、民主主義への愛着心は、日本の現状に対する評価を含んでいると判断されるので、政治満足度とある程度の相関があるのではないかと予想される。

図1−8ⓐは、民主主義への愛着心と政治満足度との関係を構成比で示したものである。この図を見るときに注意されたいのは、政治に十分満足している人はほとんどいないことである。ただしその少数の満足派は、民主主義に強い愛着心を持っている。これに対して、政治に不満を持っている人は、民主主義を誇りに思っている人、多少は誇りに思っている人、誇りに思っていない人のいずれにおいても多いが、民主主義を誇りに思う人ほど政治への満足度が高く、逆に民主主義を誇りに思わない人ほど政治への不満が多い。相関係数は〇・二一で、民主主義への愛着心と政治満足度とは相関関係がある。

ライカーらが指摘したように、有権者が投票するか棄権するかは、政党間の期待効用値の差だけではなく、投票によって政治に影響を与えることができるという感覚と、投票によって民主主義へ貢献しているという長期的利益とによっても左右される。そこで民主主義への愛着心と政治的有効性感覚及び投票義務感との関係について見てみよう。政治的有効性感覚も投票義務感も、民主主義を誇りに思っている人が高いと予想される。

図1−8ⓑは、民主主義への愛着心ごとに、「自分には政府のすることに対して、それを左右する力はない」という意見に対する賛否の分布を示したものである。この設問は、政治的有効性感覚を測るため

図1-8　民主主義への愛着心と政治的満足，政治的有効性感覚，投票義務感

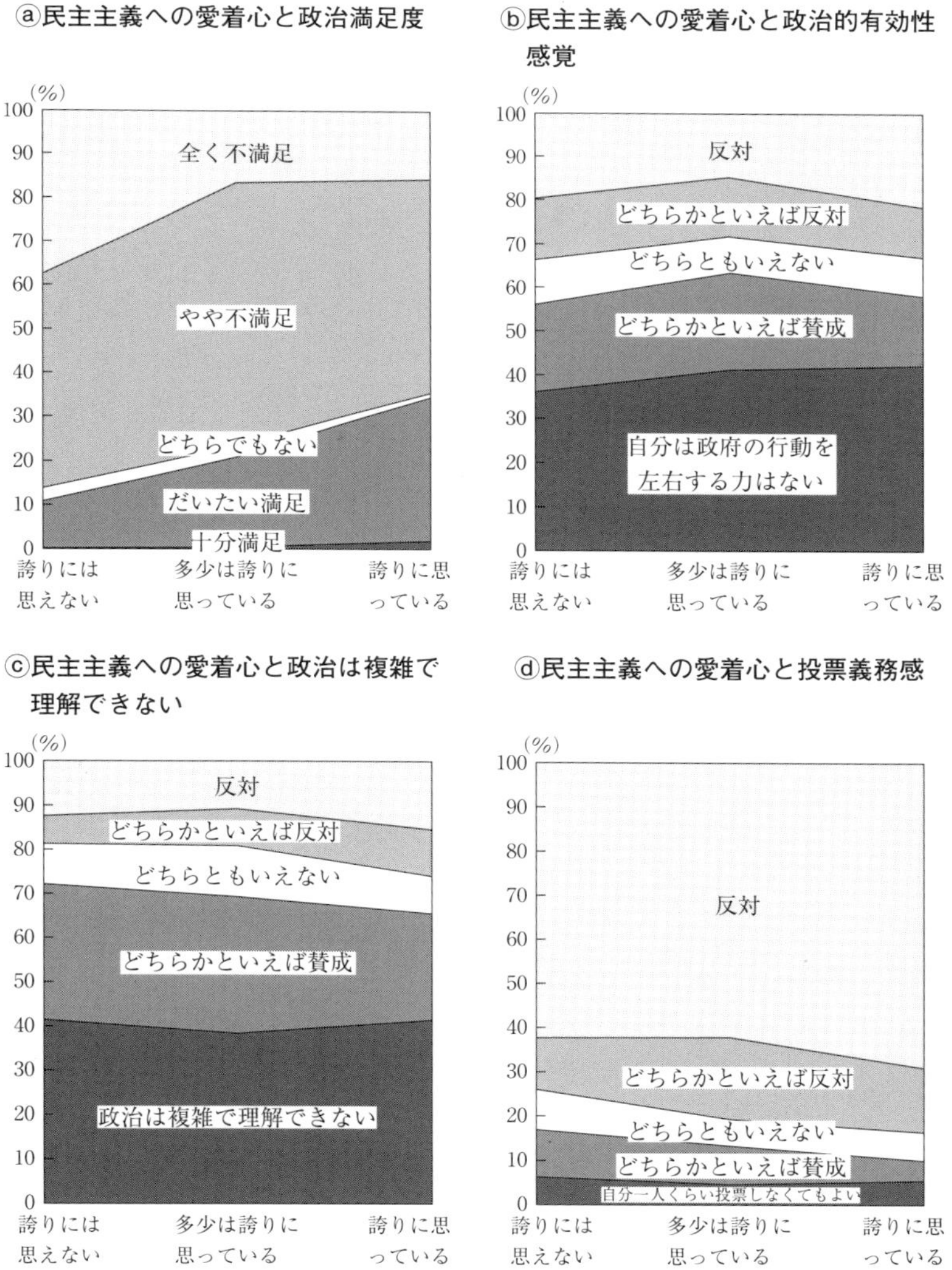

のものとして使われる。この図によれば、政府の行動を左右する力はないという意見に賛成とする有権者だけを取り上げると、民主主義を誇りに思わない人よりも誇りに思っている人の方が若干多い。すなわち民主主義を誇りに思っている人の方が、政治的有効性感覚が低く、私たちの予想とは逆の結果となった。また政府の行動を左右する力がないという意見に反対、すなわち政治的有効性感覚の高い有権者を見ると、民主主義を多少は誇りに思うという中間的な人が最も少ない。両者の関係がリニアではないため、相関係数は〇・〇一と低くなっている。

やはり政治的有効性感覚を測る際に使われる「政治とか政府とかは、あまりに複雑なので、自分には何をやっているのかよく理解できないことがある」という意見への賛否と民主主義への愛着心との関係を示したのが、図1―8ⓒである。政治が複雑すぎて理解できないという意見に賛成の人だけを取り上げると、民主主義を誇りに思う人と誇りに思わない人にその数が多い。どちらかといえば賛成という意見を含めると、民主主義を誇りに思わない有権者の方が、誇りに思う有権者よりも、政府を理解できないと感じている。相関係数はマイナス〇・〇四で、相関は低いと言えよう。

以上のように民主主義への愛着心と政治的有効性感覚には明瞭な相関関係は存在しない。また総じて政治的有効性感覚の低い人が多いことが、投票率を低める要因の一つになっていると考えられる。

図1―8ⓓは、民主主義への愛着心ごとに、「選挙では大勢の人々が投票するのだから、自分一人くらい投票しても、しなくてもどちらでもかまわない」という意見に対する賛否の分布を示したものである。これによれば、自分一人くらい投票しなくてもよいという意見に賛成する人の割合はきわめて少なく、投票義務感を持つ有権者が圧倒的に多い。もちろん有権者の投票義務感がどんなに強くても、政党

間の期待効用値の差や政治的有効性感覚が低かったり、投票へのコストが高かったりすれば、投票への誘因は低くなるが、日本の有権者の投票義務感はかなり高いと言えよう。自分一人くらい投票しなくてもよいという意見に賛成する人は、民主主義への愛着心の存否で大きな違いがあるとは言えないが、自分一人くらい投票しなくてもよいという意見に反対の人は、民主主義を誇りに思う人ほど多い。相関係数はマイナス〇・〇七と高くないが、投票義務感は、民主主義への愛着心が強いほど高くなる傾向があると言えよう。

以上をまとめると、民主主義への愛着心は、政治満足度と相関し、民主主義を誇りに思う人ほど、政治に満足している。また民主主義への愛着心と投票義務感ともやや相関があり、民主主義への愛着心が強いほど、投票義務感が強くなる傾向がある。民主主義への愛着心と政治的有効性感覚については明瞭な相関関係は存在しない。

(3)　民主主義への愛着心と政治的信頼

政治システムへの支持と関連すると言われている政治的有効性感覚と民主主義への愛着心との間には、明瞭な相関関係は存在しなかった。それではやはり政治システムへの支持と関連すると言われている政治的信頼についてはどうであろうか。国、都道府県、市区町村の各々に対する政治的信頼と民主主義への愛着心との関係について見てみよう。

図1-9ⓐは、民主主義への愛着心と国の政治への信頼との関係を示したものである。これによると、

図1-9　民主主義への愛着心と政治的信頼

ⓐ民主主義への愛着心と国政への信頼

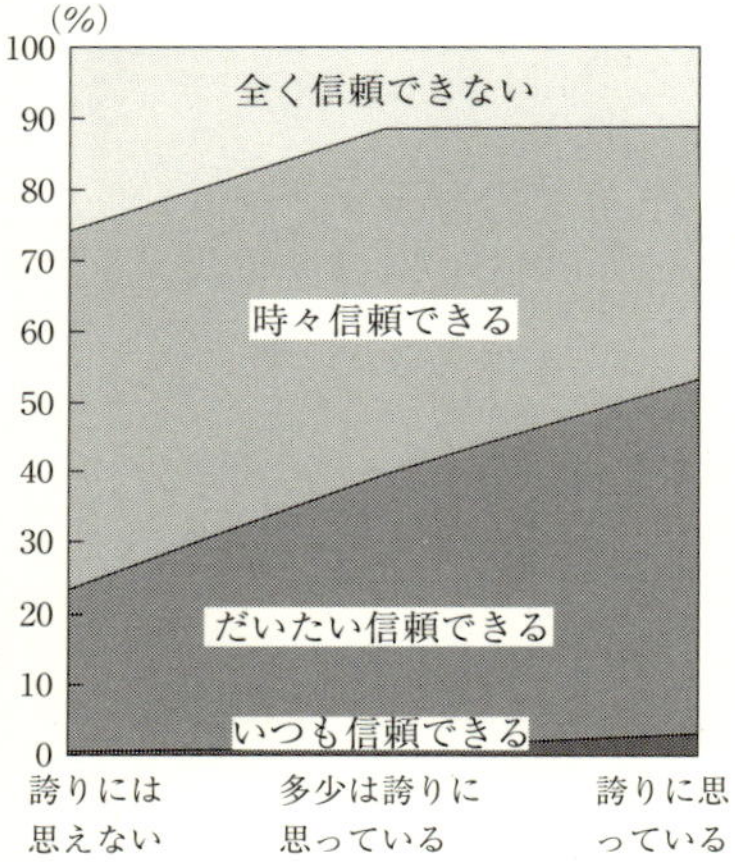

ⓑ民主主義への愛着心と県政への信頼

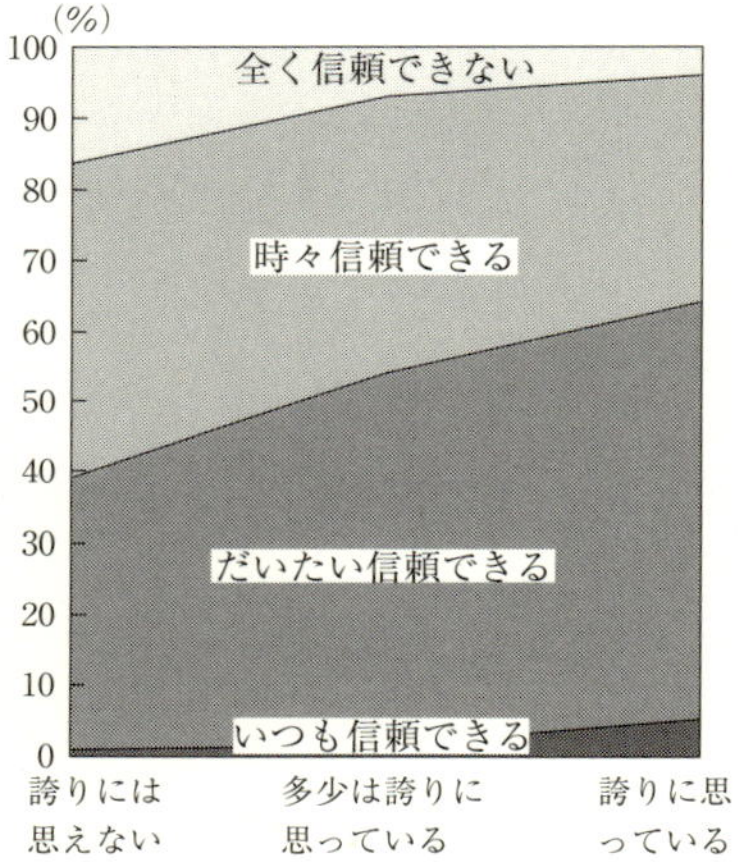

ⓒ民主主義への愛着心と市町村の政治への信頼

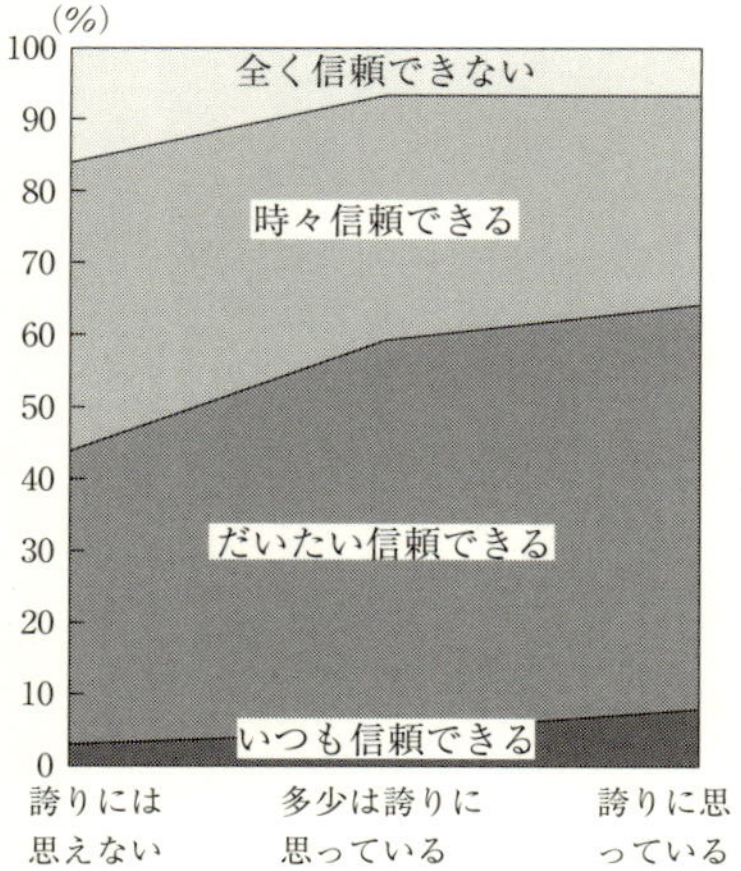

国政をいつも信頼できると回答した人は少数である。民主主義を誇りに思っている人には、国政をだいたい信頼できると回答する人の割合が多く、民主主義を誇りには思えない人には、国政を全く信頼できないと回答する人が多い。相関係数は〇・二一で、国政への信頼と民主主義への愛着心とは相関していると言ってよかろう。

図1-9ⓑ及びⓒは、民主主義への愛着心と都道府県及び市区町村の政治への信頼との関係を示したものである。相関係数は、都道府県が〇・二〇、市区町村が〇・一六であるが、国政への信頼と同じように、民主主義への愛着心が強くなればなるほど、地方政治への信頼度も増す傾向にあると言えよう。興味深いのは、若干の例外はあるけれども、全般的に、国政よりも都道府県の政治、都道府県の政治よりも市区町村の政治の方が、民主主義への愛着心の存否に関係なく、信頼度がいくらか高くなる傾向があるということである。そうなった理由はなぜだろうか。

図1-10ⓐは、民主主義への愛着心と、国会議員は「当選したらすぐ国民のことを考えなくなると思いますか」という設問に対する回答との関係を示したものである。民主主義を誇りには思えない人よりも誇りに思っている人の方が、政治家は選挙が終わっても国民のことを考えていると捉える割合が多く、相関係数は〇・一〇とやや低いが、両者はやや相関すると言えよう。しかし民主主義への愛着心の存否に関係なく、半数の有権者が、政治家は選挙が終わると国民のことを考えなくなると感じている。

図1-10ⓑは、民主主義への愛着心と、「国の政治は大企業や大組合などの大組織の利益に奉仕していると思いますか、それとも国民全体のために運営されていると思いますか」という設問に対する回答との関係を示したものである。この図でも、民主主義を誇りに思っている人は、誇りに思っていない人よ

図 1-10　民主主義への愛着心と国政に対する信頼の諸相

ⓐ民主主義への愛着心と国会議員の責任感

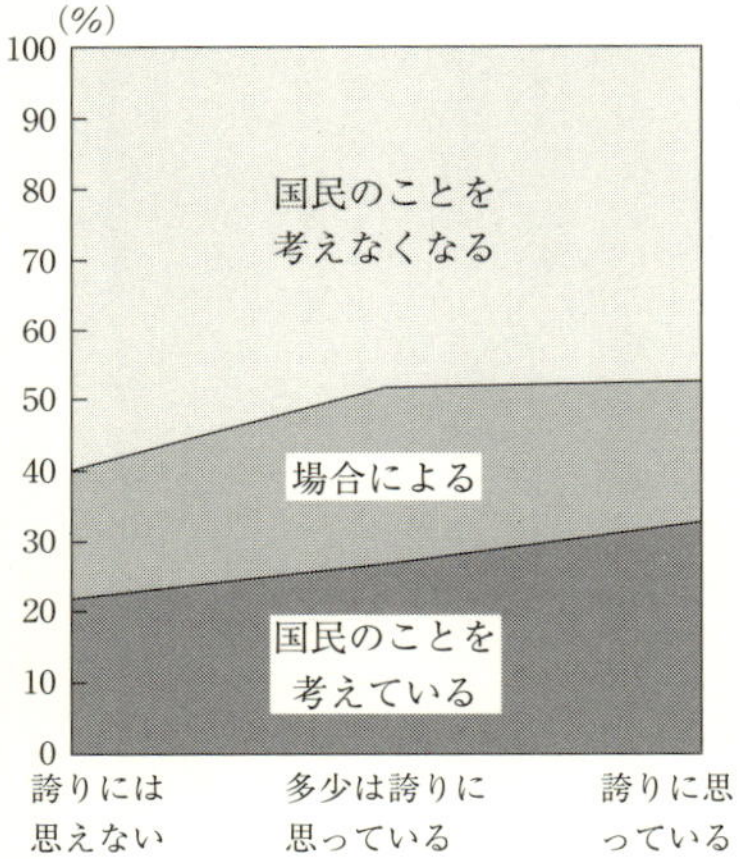

ⓑ民主主義への愛着心と国政の運営

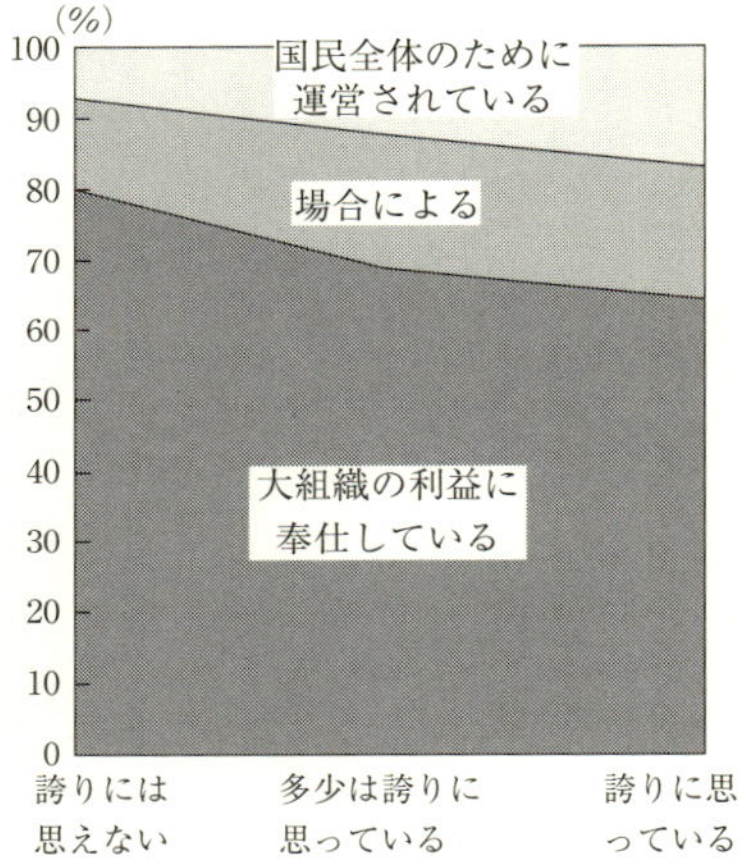

ⓒ民主主義への愛着心と政治家の不正

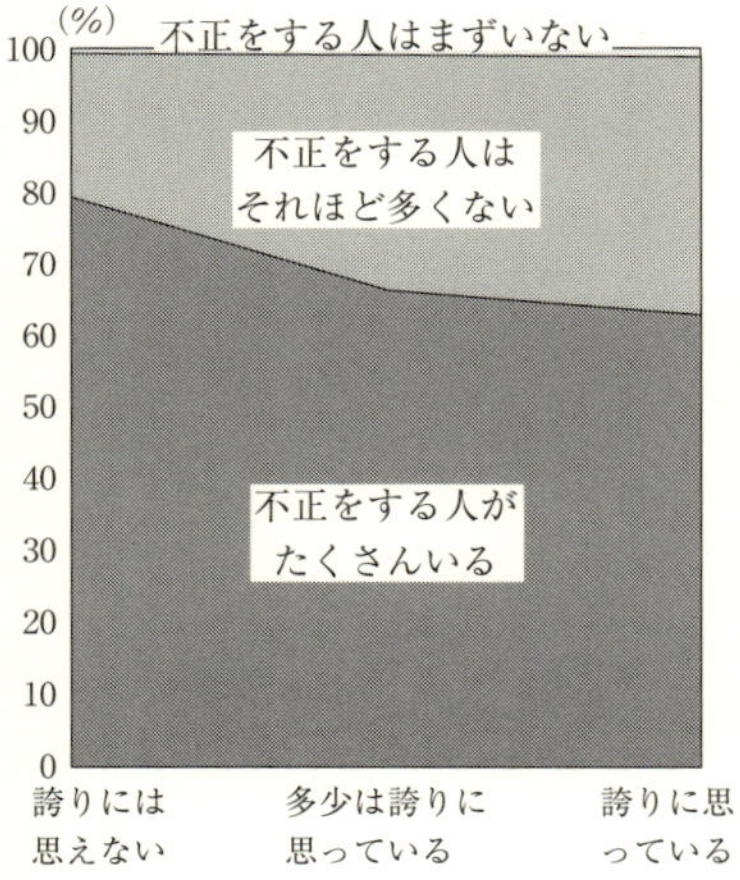

ⓓ民主主義への愛着心と政治家の派閥争い

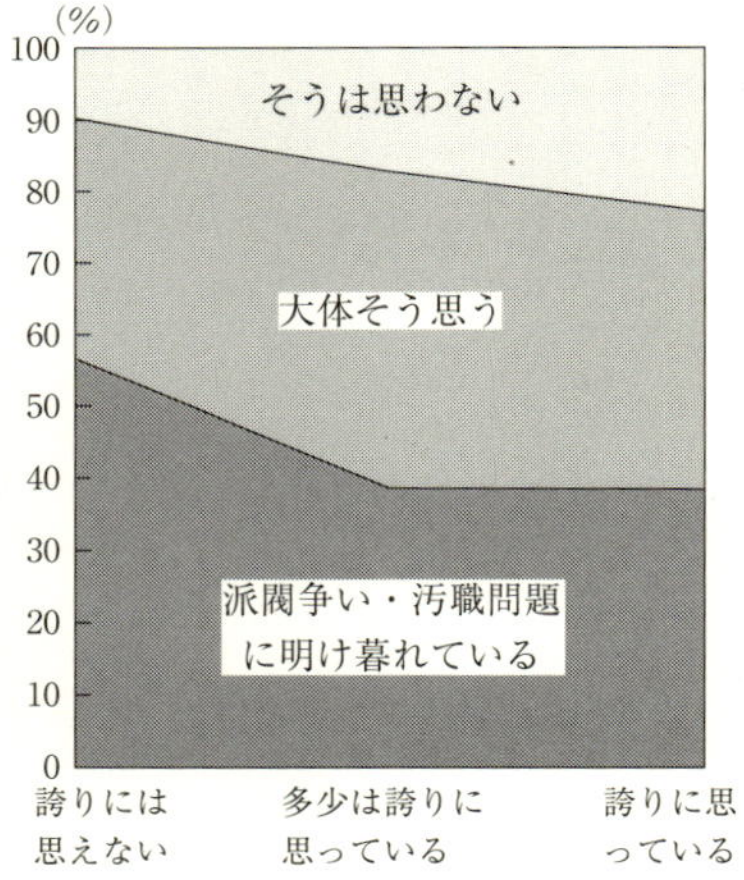

りも、国政は国民全体のために運営されていると考えており、相関係数がマイナス〇・一二となったようにいくらか相関関係はあるが、大多数の有権者が、国政が、国民よりも大組織のために行われていると考えている。これは、国民の政治的有効性感覚を低めることにつながっていると思われる。

民主主義への愛着心と、「国の政治を動かしている人々の中には、不正をする人がたくさんいると思いますか、それともそのような人はそれ程多くはないと思いますか、あるいは不正をする人などはまずいないと思いますか」という設問に対する回答との関係を示したのが、図1-10ⓒである。相関係数はマイナス〇・一一と低いが、やはり両者にはやや相関関係がある。また民主主義への愛着心に関わりなく、大多数の有権者は、政治家には不正をする人が多いと考えている。

さらに民主主義への愛着心と、「日本の政党や政治家は派閥の争いや汚職問題に明け暮れて、国民生活をなおざりにしていると思いますか」という設問に対する回答との関係を示したのが、図1-10ⓓである。これも、相関係数がマイナス〇・一五で相関関係はあるが、有権者の大多数が、政治家は派閥争い等に明け暮れていると考えている。

以上から、民主主義を誇りに思っている人とそうでない人とでは国政への不信に対する認識の違いはあるが、多くの有権者が、国政に不信感を持っていることがわかる。これに対して地方政治は、①自分の生活に密着しており、国政と比べて政治的有効性感覚を持ちやすいこと、②党派色が薄く、政党の権力闘争や派閥抗争などが国政ほど目立たないこと、③リクルート事件や東京佐川急便事件ほど大きく報道される政治腐敗が少なかったことなどによって、国政よりもいくらか信頼度を高めているのではないかと考えられる。

日本の有権者が、国政に強い不信を抱いているにもかかわらず、民主主義への愛着心を失っていないのは、日本のデモクラシーにとって救いである。そして国政よりも地方政治に対する有権者の政治的信頼がいくらか高いことを利用して地方分権を推進していくことが、日本のデモクラシーにとって望ましい方向性なのかもしれない。ちなみに図1−11は、民主主義への愛着心と地方分権との関係を示したものである。中央集権がよいという意見は、民主主義を誇りに思っている人ほど多くなる傾向があるが、全体的には地方分権がよいと考える有権者が多く、地方分権を進めても有権者には大きな抵抗はないだろう。

(4) 民主主義への愛着心と民主的制度への支持、憲法改正

前述したように本章の民主主義への愛着心は、民主システム一般に対する愛着心というよりも、日本に定着した民主システムに対する愛着心という面が強い。そこでここでは、民主システムの構成要素である政党、選挙、国会に対する評価と民主主義への愛着心との関係を見てみることにしよう。

図1−12は、ⓐ政党、ⓑ選挙、ⓒ国会の各々が存在するから、庶民の声が政治に反映するという意見に対する賛否と民主主義への愛着心との関係について示したものである。いずれもやや右上がりの図になっており、民主主義を誇りに思っている人ほど、政党、選挙、国会が民意を反映する存在であると考えている。相関係数は、政党が〇・一三、選挙が〇・一一、国会が〇・一〇であった。全体的には、政党、選挙、国会とも民意を反映する存在だと捉える人が多いが、その中でもとりわけ選挙が最も民意を

図 1–11　民主主義への愛着心と地方分権

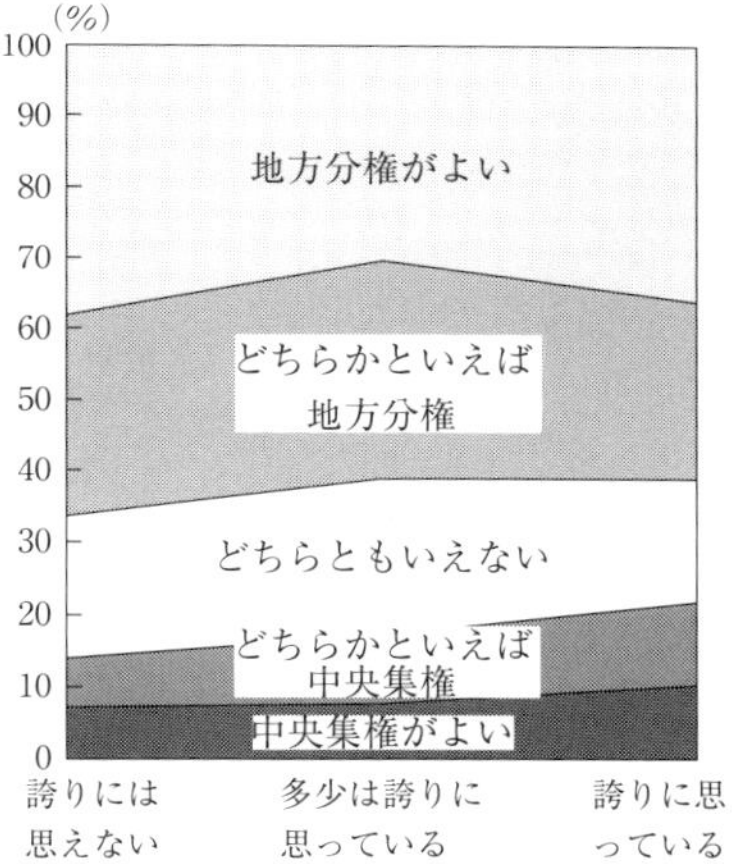

図 1–12　民主主義への愛着心と民主的制度への支持

ⓐ民主主義への愛着心と政党の存在

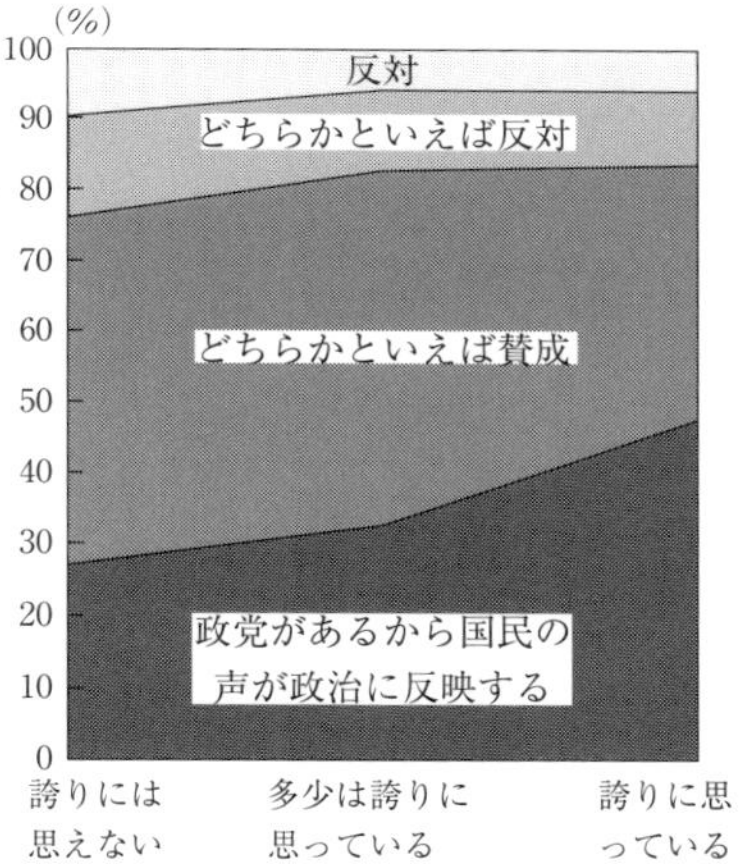

ⓑ民主主義への愛着心と選挙の存在

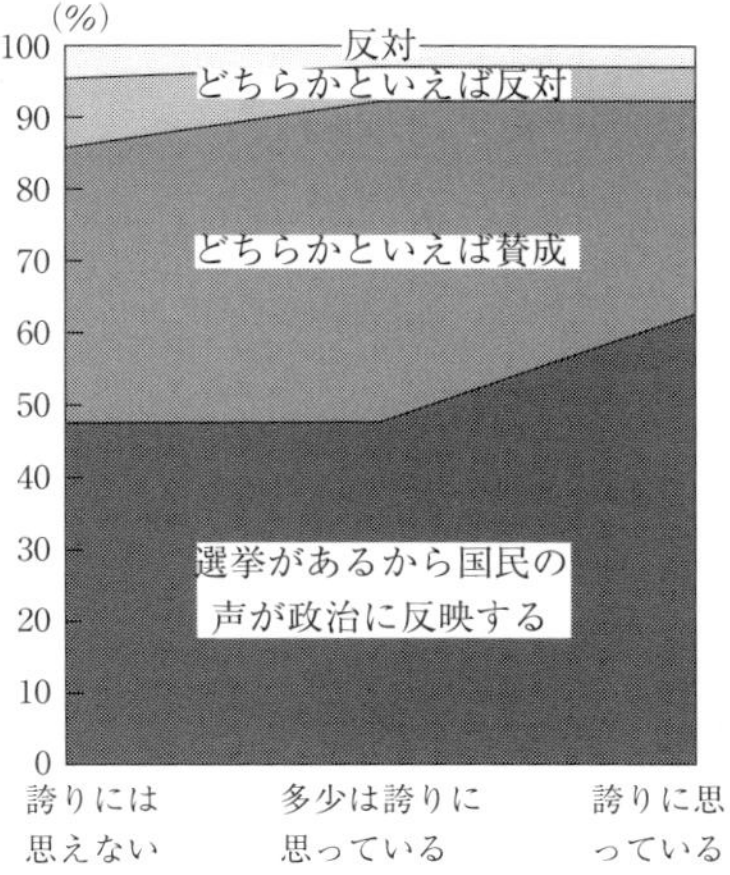

ⓒ民主主義への愛着心と国会の存在

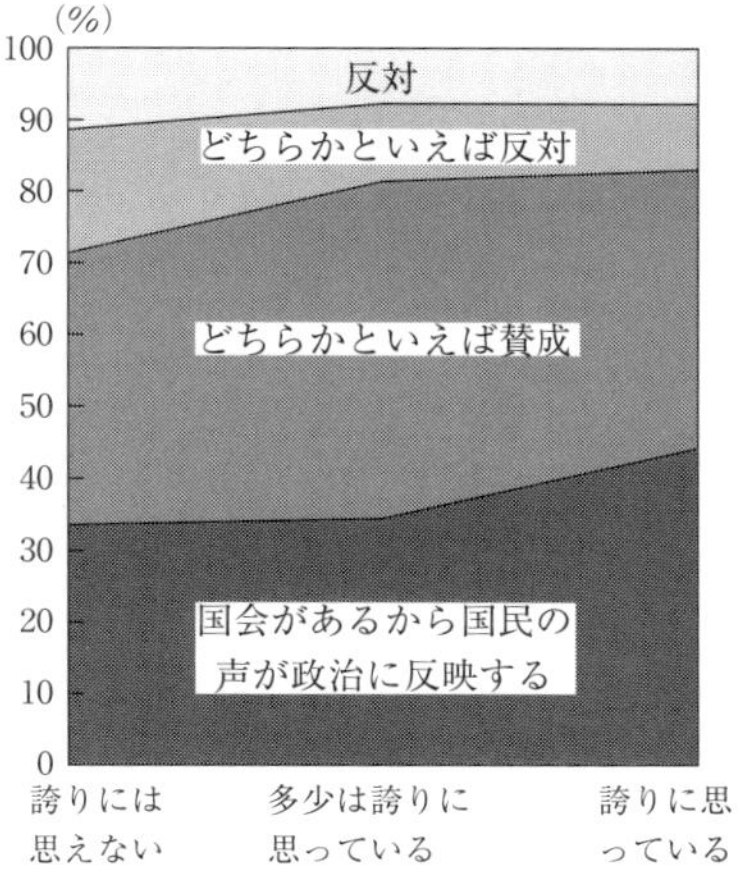

反映するものと理解されている。政党と国会についてはほぼ同じような図となったが、民主主義を誇りに思っている人には政党を重視する人が、民主主義を誇りに思わない人には国会を重視する人が多い傾向があるようである。

日本の民主主義は、日本国憲法の下で展開されている。その意味では、日本国憲法体制に対する評価と民主主義への愛着心とも何らかの関係があると予想される。そこで「今の憲法は国情に合わなくなっているのでできるだけ早い時期に改憲した方が良い」のか、それとも「今の憲法は大筋として立派な憲法であるから現在は改憲すべきではない」のかという意見に対する賛否と民主主義への愛着心との関係について示したのが、図1–13ⓐである。民主主義を誇りに思っている人には、前述したように保守的な人が多いにもかかわらず、誇りに思わない人などよりも護憲志向がやや強く、民主主義が憲法の下で発展してきたという意識があるようにも見える。ただし相関係数マイナス〇・〇二が示すように、全体的には横割りの図となり、民主主義への愛着心と護憲か改憲かとの間には相関がない。しかし民主主義への愛着心の存否を超えて憲法が定着していると言えるほど、護憲に対する合意度は高くない。民主主義を誇りに思う人には、日本の民主主義は成熟し、憲法を民主的に改正しても戦前のようにはならないという意識が出てきているのかもしれない。他方、民主主義を誇りに思わない人は、現在の憲法体制の下での民主主義に不満を持っており、それを改めることがより民主主義的になると認識しているのかもしれない。

それは、首相公選制などの直接民主主義的な要求なのではないか。『毎日新聞』(二〇〇〇年九月二九日)の世論調査では、「改憲する方がよい」と答えた人が四三%に上ったのに対して「改憲しない方が

図1-13　民主主義への愛着心と憲法改正，間接代議制

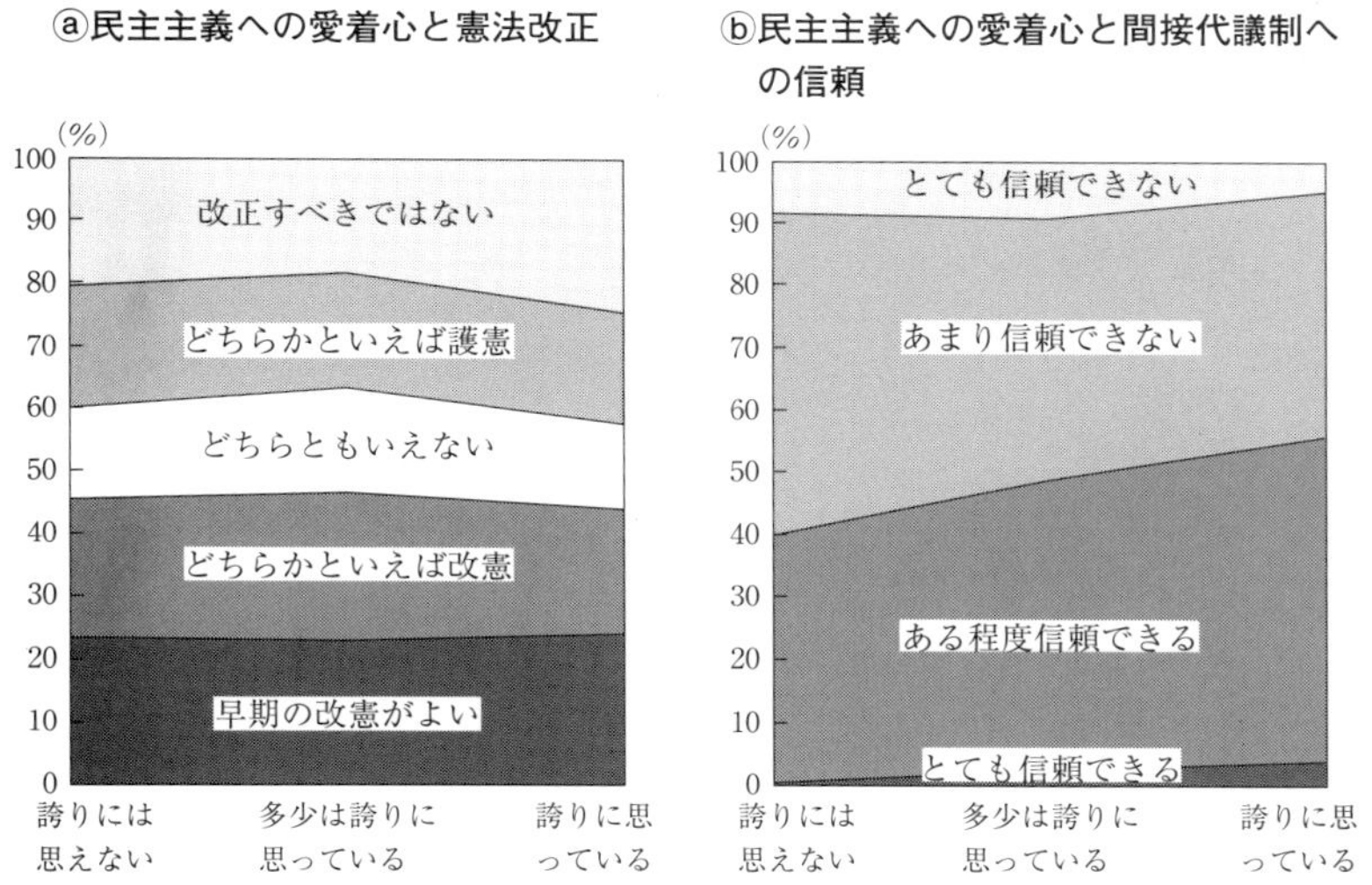

よい」としたのは過去最低の一三％にとどまったが、改正すべき点として最も多かったのは、従来のような自衛隊の合憲化などよりも、首相公選制の導入（複数回答で五五％）であり、重要政策への国民投票を求める声も多かった。そこで首相公選など直接民主制に対する賛否について考察したいところであるが、残念ながらそれを直接たずねた設問は存在しない。ただ、「選挙などの間接代議制」はどの程度信頼できるかという設問があるので、それへの否定的回答を直接民主制の志向と捉え、民主主義への愛着心との関係を見てみることにした。

図1-13ⓑは、その関係を示したものである。全体として、間接代議制を信頼できるという意見と信頼できないという意見がほぼ半数ずつになっているが、民主主義を誇りに思う人ほど、間接代議制を信頼できるという人が多い。逆に民主主義を誇りに思わない人の約六割が間接代

議制を信頼していない。おそらくこの間接代議制への不信を抱いている層が、直接民主制を志向し、憲法改正もやむをえないと考えているのではないかと思われる。相関係数は〇・一二であった。

四　まとめと含意

本章の実証分析の結果、明らかになったことをまとめておこう。

①　民主主義への愛着心と保革イデオロギーとの間には相関関係がある。極端な革新層では、民主主義を誇りに思わない人が多い。

②　民主主義への愛着心と伝統―近代価値とは、民主主義への愛着心が強い方が伝統的価値を志向する傾向が見られるが、両者の間に明瞭な相関があるとまでは言えない。民主主義への愛着心は、平等価値とはほとんど相関しない。

③　民主主義を誇りに思っている人は、個人の生活よりも国や社会に目を向け、国や社会のためになることをしたいと考える傾向があるが、民主主義への愛着心と個人主義や国家への奉仕との間には明瞭な相関関係はない。

④　民主主義を誇りに思っている人は他のグループよりも政治的関心が高い傾向があるが、政治的関心と民主主義への愛着心とが明確に相関しているとは言えない。日本の有権者の間では、日常的な政治への関心よりも選挙への関心、選挙への関心よりも選挙後の議席数への関心が高い。

⑤　民主主義への愛着心は、政治満足度と相関し、民主主義を誇りに思う人ほど、政治に満足している。また民主主義への愛着心と投票義務感ともやや相関があり、民主主義への愛着心が強いほど、投票義務感が強くなる傾向がある。民主主義への愛着心と政治的有効性感覚については明瞭な相関関係は存在しない。

⑥　民主主義への愛着心と政治的信頼とには相関関係がある。また国政よりも都道府県の政治、都道府県の政治よりも市区町村の政治の方が、民主主義への愛着心の存否に関係なく、信頼度がやや高くなる傾向がある。民主主義への愛着心と地方分権との関係を見ると、中央集権がよいという意見は、民主主義を誇りに思っている人ほど多くなる傾向があるが、全体的には地方分権がよいと考える人が多い。

⑦　民主主義を誇りに思っている人ほど、政党、選挙、国会が民意を反映する存在であると考えている。民主主義への愛着心と憲法改正とについては相関がない。それは、憲法下の民主主義への不満、具体的には直接民主制への欲求があるからではないか。民主主義への愛着心と間接代議制への信頼とについては、全体として信頼できるという意見と信頼できないという意見がほぼ拮抗しているが、民主主義を誇りに思わない人の約六割が間接代議制を信頼していない。

政治社会が大規模化し、政治に参加する市民の数が増大すれば、直接民主制を現実の政治体制とすることは難しい。したがって大衆社会では、議会制民主主義を取らざるをえないのはやむをえまい。議会制民主主義は、国民主権という擬制によって正当性を保っている。言い換えれば議会は、国民によって選出され、国民のために機能しているという信頼がなければ、社会において議会に多数派を送り込むことができる勢力のための支配の道具に堕してしまう。たとえばもし社会経済的地位の高い者が投票を含む政治参加の程度も高いということになれば、議会は、社会経済的地位の高い者の支配の道具になりかねない。そしてそのとき、本来は個人の平等を求めて解放のイデオロギーとして機能してきた民主主義が、議会内多数派の支配を正当化するイデオロギーと化すことになろう。

日本では、教育や所得など社会経済的地位の違いによって政治参加の程度に大きな違いはない［蒲島、一九八八：四八、二〇〇一―一〇一、二〇〇三―一一四］。むしろ日本で問われているのは、国会や内閣、地方議会、地方の首長も、国民・住民の意思から乖離しているのではないかということである。首相公選論や強力なリーダーシップへの渇望、各地で起こっている住民投票などはその現れと言えよう。

議会制民主主義が生き残っていくには、民主的なルール及び制度、そしてその総体としての民主システムに対する同意と信頼がなければならない。民主主義への愛着心は、議会制民主主義への信頼を測る尺度として重要なのである。「戦後民主主義」は、悪しき平等主義や個人主義の行き過ぎを招いたと批判されてきた。しかし現代日本人の態度構造の中では、民主主義に対する評価は、平等主義や個人主義、国家への奉仕への賛否とは結びついていない。民主主義への愛着心は比較的高く、国民の中に民主システムが定着していることがわかる。もし民主システムへの信頼をさらに直接民主制や地方分権によって強化できるのであれば、それを実現していくことが望ましいことであろう。もっとも、議院内閣制よりも首相公選制の方が強いリーダーシップを発揮しうるという考えは必ずしも正しいとは言えず、国民が、首相公選制に、自分たちの政治的有効性感覚を高めるためだけでなく、首相が強いリーダーシップを発揮することを求めているのだとすれば、制度に対する期待と実際の機能との間に乖離が生じ、かえって国民の不信を増幅する危険性がある。

参考文献（紙幅の関係上、直接引用したものに限った）

ダウンズ、アンソニー［一九八〇］古田精司監訳『民主主義の経済理論』成文堂。

Easton, David [1957], "An Approach to the Analysis of Political System," *World Politics* 9, also in Ikuo Kabashima and Lynn T. White Ⅲ eds., *Political System and Change*, Princeton University Press, 1986.

Easton, David [1975], "A Re-Assessment of the Concept of Political Support," *British Journal of Political Science* 5.

蒲島郁夫［一九八八］『政治参加』東京大学出版会。

Kabashima, Ikuo, Jonathan Marshall, Takayoshi Uekami and Dae-Song Hyun [2000], "Casual Cynics or Disillusioned Democrats ? Political Alienation in Japan," *Political Psychology* 21.

蒲島郁夫・竹中佳彦［一九九六］『現代日本人のイデオロギー』東京大学出版会（二〇〇〇年の第二刷を参照されたい）。

蒲島郁夫・綿貫譲治・三宅一郎・小林良彰・池田謙一［一九九八］『JESⅡコードブック』木鐸社。

三宅一郎［一九八六］「政党支持と政治シニシズム」綿貫譲治・三宅一郎・猪口孝・蒲島郁夫『日本人の選挙行動』東京大学出版会。

Riker, William H., and Peter C. Ordeshook [1968], "A Theory of the Calculus of Voting," *The American Political Science Review* 62.

竹中佳彦［二〇〇一］「現代日本人の民主主義への愛着心と政党支持・投票行動」『北九州市立大学法政論集』二九巻一・二合併号（山口圭介・河津八平先生退職記念論文集）。

綿貫譲治［一九九七］「制度信頼と政治家不信」綿貫譲治・三宅一郎『環境変動と態度変容』木鐸社。

第二章　イギリス労働党の再生と社会民主主義の展望

力久　昌幸

一　はじめに

二〇世紀が終了する世紀末の時期に、社会民主主義をめぐる一つの興味深いパラドックスが生じることになった。社会民主党、社会党、労働党など、さまざまな名称で呼ばれるヨーロッパの社会民主主義政党は、一九九〇年代の後半からイギリス、フランス、ドイツ、イタリアなど各国で政権を握るようになり、EU（European Union）加盟国の大多数において社会民主主義政党の政権参加が見られた。ところが、一九八〇年代から九〇年代前半にかけて民営化や規制緩和を掲げる新自由主義的潮流が世界的に広がる中で、社会民主主義がめざす目標の魅力喪失を指摘する見方や、社会民主主義的政策の実効性を疑問視する見方が、かつてないほど広範に見られるようになったのである［真柄、一九九八：二一—三］。

一九八九年のベルリンの壁崩壊と九一年のソ連解体に象徴される共産主義体制の挫折によってもたら

された冷戦終結は、社会民主主義に対して逆風をもたらした。そもそも、西ヨーロッパの社会民主主義は、ソ連や東ヨーロッパにおいて見られた共産主義体制を厳しく批判しており、政治的にも経済的にも全く異なる立場をとっていたのだが、共産主義の挫折は、すべての左翼イデオロギーに対する人々の不信を強める結果になったのである。また、グローバル化の進展による近年の世界経済の構造変化によって、ケインズ主義やコーポラティズムなどの国民国家の枠組を前提とした社会民主主義的経済運営は困難になっていった。さらに、先進諸国における階級構造の変化の傾向として、一方でホワイト・カラーを中心とする新しい中産階級の拡大が見られていたのに対して、他方で社会民主主義政党が主な支持基盤としてきた労働者階級や労働組合は衰退する兆候を示していた。かくて、「歴史の終わり」という名のもとに、新自由主義的政策枠組が支配的な立場に立ったとする見方が強くなる一方、それに取って代わる別の立場の可能性については、悲観的な見方が大勢を占めるようになったのである［フクヤマ、一九九二］。

しかしながら、新自由主義的潮流が支配的になっているとするならば、二〇世紀末のヨーロッパにおいて見られた選挙や政権参加の面での社会民主主義の復活をどう見るのか、という点について疑問が深まらざるを得ない。そもそも、社会民主主義をある特定の時代の政治経済、および、社会構造と結びつけて理解するのは、はたして妥当な見方と言えるのであろうか。そうではなくて、時代や環境の変化に対する適応という側面に焦点をあてることによって、社会民主主義についての理解をより深めることができるのではないだろうか。

二一世紀に入ってヨーロッパでは再び潮流の転換が見られ、一時期社会民主主義勢力に後れをとった保守主義や自由主義勢力の復活が見られつつある。しかし、一見ヨーロッパを右派回帰の大波が洗い流しているように見えるが、その中でイギリスをはじめとして、社会民主主義勢力による政権維持が見られているところもある。右派回帰の潮流の中で、なぜいくつかの社会民主主義政党は政権維持に成功しているのか。こうした疑問を検討する上でも、時代や環境の変化に対する社会民主主義政党の適応に着目する視角は、少なからぬ手がかりを与えるのではないだろうか。

本稿においては、以上のような疑問を念頭に置きながら、社会民主主義の歴史的発展を簡潔に踏まえつつ、社会民主主義刷新に向けて多大な努力を見せているイギリス労働党の試みを検討することにより、社会民主主義の将来に関する一定の展望を示すことにしたい。

二　社会民主主義の歴史的発展

(1)　社会民主主義の誕生

社会民主主義とは何か、また、社会民主主義の将来はどのようなものであるのか。こうした問いに答えるためには、社会民主主義の歴史的発展のプロセスを見る必要がある。なぜならば、他の多くの政治思想やイデオロギーと同様に、社会民主主義は歴史的にその内容を少なからず変化させてきたからである。

一九世紀中頃のヨーロッパにおいて誕生したと言われる社会民主主義は、当初は社会主義の目標と民主主義の目標の二つを追求する労働者階級の運動を一般的に指し示す用語であった［蒲島・竹中、一九九六：四二］。それは当時のヨーロッパ諸国において見られた権威主義的な政治システムの民主化を求める多くの民主主義勢力のうち、民主主義の目標と同時に社会主義の目標をも追い求める勢力を、民主主義と自由主義の目標をめざす自由民主主義勢力と区別するために生み出された用語であったと言ってもいい［西川・松村・石川、一九九五：一一］。そして、一九世紀においては、社会主義を標榜する政治勢力と社会民主主義を標榜する政治勢力は、ほぼイコールであったと言うことができるのである。そのために、ドイツやロシアなどの各国において、社会主義の目標を追求するために結成された政党の名称として、ドイツ社会民主党やロシア社会民主労働党というような社会民主主義を反映した党名が採用されることになった。

さて、二〇世紀初頭の一九一七年に起こったロシア革命によってソ連が誕生するが、それをきっかけとして、社会主義の勢力は大きく二つに分岐することになった。すなわち、一方の側に、ソ連共産党（一九一八年に社会民主労働党より改名）を中心とする共産主義の勢力が出現し、マルクス・レーニン主義に基づく暴力革命やプロレタリアート独裁を肯定する立場をとったのに対して、他方の側に、特に西ヨーロッパ諸国を中心として、議会制民主主義の手続きを通じて平和的に社会主義を達成することをめざす立場をとる勢力が見られたのである。こうした後者の勢力に対して、社会民主主義という名称が使われるようになった。このようにロシア革命以後、社会民主主義は、非共産主義的社会主義、もしくは、議会制民主主義にコミットした社会主義の勢力を指し示すようになったのである［吉瀬、一九九八：四三］。

実は、すでに一九世紀末の時点で、議会制民主主義の手続きを尊重する社会主義という意味での社会民主主義が、イギリスとドイツにおいて見られていた。イギリスにおける社会主義勢力の主流は、マルクス主義の影響よりも、シドニー・ウェッブ（Sidney Webb）とベアトリス・ウェッブ（Beatrice Webb）のウェッブ夫妻を中心として設立されたフェビアン協会の影響を強く受けていた。フェビアンという名称は、カルタゴの名将ハンニバルに対してねばり強い持久戦を展開し、最終的な勝利を勝ち取ったローマの将軍ファビウスに由来している。こうした名称があらわしているように、フェビアン協会の立場は、マルクス主義的な階級闘争や暴力革命を廃して、民主主義を通じた漸進的な社会主義の達成をめざすものであった。一方、ドイツ社会民主党のエドゥアルト・ベルンシュタイン（Eduard Bernstein）も、マルクス主義的な暴力革命ではなく、議会を通じた合法的活動による社会主義の実現を主張したが、当時の社会民主党指導部はこれを厳しく批判して、党の公式の立場として採用されることはなかった［ベルンシュタイン、一九七四］、［蒲島・竹中、一九九六：四二―四四］。

ところで、世界恐慌から第二次世界大戦の勃発へと至る一九三〇年代に、スウェーデンを中心とする北欧諸国において、戦後の西ヨーロッパで花開くことになる社会民主主義の骨格が形づくられた。スウェーデンの社会民主主義を検討した新川敏光の整理によれば、当時の社会民主主義をモデル化すると、修正資本主義、議会主義、福祉国家という三つの特徴が浮かび上がってくるとされる。すなわち、一九三〇年代の北欧諸国において形づくられた社会民主主義は、資本主義の枠の中における改革の可能性を肯定し、しかも、そうした改革を民主主義的政治システム（議会や国家）における福祉国家政策の推進によって追い求めるものであった。なお、社会民主主義政党が政権を獲得して改革を実現するためには、労働者階級を他の社会階級から区別してその内部的団結を高める戦略（ゲトー戦略）ではなく、階級を横断した広範な統治連合を構築する必要があった。なぜなら、全有権者中に占める産業労働者の割合が過半数を超えるような状況は、ほとんど見られなかったからである。こうして、たとえば「赤と緑の連合」と称される労働者と農民の提携や、「赤と白の連合」と称されるブルー・カラーとホワイト・カラーの間の連帯が、社会民主主義の成否の鍵を握ることになったのである［新川、一九九九：八―四九］。

(2) 戦後の社会民主主義

第二次世界大戦の終了とともに、アメリカを中心とする自由民主主義陣営とソ連を中心とする共産主義陣営の間の対立が深まり、いわゆる東西冷戦の状況がもたらされたとき、西ヨーロッパの社会民主主義勢力は、議会制民主主義への確固たるコミットメントを示すことによって、あらためて共産主義との違いを明確にした。そして、戦前に北欧諸国において見られた修正資本主義、議会主義、福祉国家という三つの特徴を持つ社会民主主義のあり方が、戦後は西ヨーロッパ全域に広がっていくことになったのである。

こうした戦後の西ヨーロッパにおける新たな社会民主主義概念は、資本と労働との間の協調を前提として、資本主義の枠の中における改革をめざす立場をとったために、「修正主義」、もしくは、「修正主義的社会主義」と呼ばれることになった。そして、「修正主義」としての戦後の社会民主主義を理論化する上で多大な貢献をしたのが、イギリス労働党の政治家でありイデオローグでもあったアンソニー・クロスランド（Anthony Crosland）である。クロスランドによれば、戦後の社会民主主義の特質は、次の五つほどにまとめることができるとされた。すなわち、政治的自由主義、混合経済、福祉国家、ケインズ主義的経済政策、平等に対する信念という五つの特質が、戦後の社会民主主義の基本的な枠組を形成したのである［クロスランド、一九六一］、［吉瀬、一九九八：四三］。

政治的自由主義、および、それと密接に結びついた議会制民主主義へのコミットメントは、すでに見たように、ロシア革命をきっかけとする社会主義勢力の分岐の中で、社会民主主義と共産主義を区別する重要な特徴となった。これに対して、混合経済やケインズ主義的経済政策といった要素が、西ヨーロッパにおける社会民主主義概念の中に組み込まれたのは、第二次世界大戦以降のことであった。

イギリスの著名な経済学者ジョン・メイナード・ケインズ（John Maynard Keynes）の経済理論に基づくケインズ主義的経済政策は、世界恐慌に起因する一九三〇年代の大量失業問題の解決をめざしたものであった。ケインズ主義によれば、資本主義経済において円滑な経済活動を維持していくためには、市場と国家の両者がそれぞれ重要な役割を担っているとされた。特に、国家の役割については、経済に対する国家介入について否定的な古典派経済学とは対照的に、過小需要によって失業が増大するおそれがあるときには、総需要を増加させる積極的な経済政策が必要であるとされた。要するに、ケインズ主義的経済政策とは、本質的に不安定な資本主義経済における景気循環の波を、国家の財政政策や金融政策を通じた需要管理によって緩やかなものにし、それによって失業をできる限り抑制することをめざすものであった［玉井、一九九九：一九八―一九九］。

このようにケインズ主義的経済政策は、完全雇用の目標を追求するものであったために、労働者階級を主な支持基盤としていた社会民主主義勢力にとって魅力あるものであったが、その代償として、生産手段の私的所有などの資本主義経済の枠組が基本的に受け入れられることになった。いわば、資本の側が国家による一定程度の介入を容認するのと引き換えに、労働（社会民主主義）の側は資本主義経済の枠組を容認することになったのである。かくて、戦後の西ヨーロッパにおいては、私的所有の原則によって成り立っている資本主義経済に対して、需要管理や限定的な産業国有化などの国家による公的な介入が実施される混合経済が確立することになった。

なお、ケインズ主義的経済政策や混合経済は、戦後になって西ヨーロッパの社会民主主義の要素として組み込まれることになったわけだが、北欧諸国においては、すでに一九三〇年代においてケインズの経済理論とは別個に独自の形での発展を見せていた［篠原、一九八六：三三〇―三三四］。ただし、スウェーデン社会民主主義の経済政策と福祉政策の連関を検討した宮本太郎が明らかにしているように、北欧の社会民主主義的経済政策の中心的要素としては、こうしたいわゆる「ケインズなきケインズ主義」に加えて、「労働運動による労働市場に対するコントロールの強化」があったことを指摘しなければならない［宮本、一九九九：五三］。

クロスランドが示した戦後の社会民主主義の特質のうち、福祉国家、および、平等に対する信念は相互に結びついたものであり、社会的弱者の境遇の改善に対する社会民主主義のコミットメントを体現していたと考えることができる。すなわち、福祉国家を充実することによって社会的弱者の境遇の改善をめざすことは、より平等な社会の実現という目標の一部を成していたと言えるのである。また、平等の概念についても、形式的な「機会の平等」ではなく、財産や所得の再分配による社会経済的平等までをも視野に入れた一定程度の実質的な「結果の平等」が、その内容を成すことになった。ただし、戦後のイギリスにおける福祉国家の基本的枠組を提示し、他の先進諸国の社会保障政策にも多大な影響を与えたベヴァリッジ報告を作成したウィリアム・ベヴァリッジ（William Beveridge）は、やや異なる立場を持っていたことに注意しなければならない。ベヴァリッジは富や所得を平等化することをめざしたわけではなく、資本主義経済における分配の不平等を前提として、最低限の生活保障（ナショナル・ミニマム）について、国家が責任を負う社会保障制度を構想していたのである［田端、一九八八：二〇］。

さて、以上のような五つの特質によって特徴づけられる戦後の社会民主主義は、西ヨーロッパ諸国、あるいは、それにアメリカや日本などを加えた先進諸国の政治経済体制に対して、程度の差こそあれ、かなりのインパクトを与えることになった。言い換えれば、先進諸国の戦後体制には、社会民主主義的な要素が色濃く見られることになったのである。そして、そのような体制を支える重要な支柱となったのが、クロスランドが挙げたような社会民主主義的な諸要素、特にケインズ主義と福祉国家についての政治的・社会的コンセンサスの存在である。その意味で、先進諸国の戦後体制の主要な特徴として、社会民主主義的コンセンサスを基盤として成立した「ケインズ主義的福祉国家」の存在を指摘できるかもしれない［田口、一九八九：一三―二〇］。

こうした社会民主主義的コンセンサスの成立にとって重要であった要因の一つが、保守主義政党による社会民主主義的政策プログラムの受容である。戦後の先進諸国の政党システムにおいて、社会民主主義政党とならぶ主要勢力であった保守主義政党では、ケインズ主義や福祉国家を中心とする社会民主主義的政策プログラムを基本的に受け入れる勢力が主流派となっていったのである。たとえば、イギリスにおいては、一九五一年選挙での勝利によって政権を獲得した保守党政権は、前任の労働党政権が確立した政策プログラムを維持・発展させることに尽力していた［梅川、一九九七：二三七―二四二］。また、戦後、保守政権が長期にわたって継続し、社会民主主義政党の政権参加がかなり遅れたドイツや日本においても、保守主義政党の手によって社会民主主義的と呼びうる政策プログラムが実施されていくことになった。

さらに、社会民主主義的コンセンサスに基づく戦後体制が、かなりの期間維持された背景には、一九五〇年代から六〇年代にかけて先進諸国が享受することになった高度経済成長があった。すなわち、戦後の高度経済成長こそが、社会民主主義的コンセンサス、および、その中核を形成していたとも言うべき資本と労働との間の協調関係（いわゆる「戦後和解」）の維持に大きく貢献したと見ることができるのである。高度経済成長によって、一方で福祉支出の拡大や労働者階級の収入の増大という目標を追求しつつ、他方で中産階級や企業に対する課税を比較的穏やかなレヴェルに抑えることが可能となった。こうして、高度経済成長と戦後の社会民主主義は、相互に密接に結びつくことになったのである。なお、先進諸国における高度経済成長を支えた重要な要素として、戦後世界における覇権国アメリカのリーダーシップによって促進された自由貿易体制と安定した国際通貨体制が挙げられる、ということを指摘しておかなければならない。

(3) 社会民主主義の退潮

先進諸国においては、戦後二〇年以上の期間にわたって、社会民主主義的コンセンサスが維持されることになった。もちろん、社会民主主義政党が実際に政権を握っていたかどうか、あるいは、どれだけの期間政権についていたかという点については、国ごとに大きな相違があるわけだが、この時期に先進諸国において大枠で社会民主主義的な政策プログラムが実施されることになったと言っても過言ではないだろう。

ところが、先進諸国において長期にわたって支配的な影響力を有してきた戦後の社会民主主義は、一九六〇年代末から衰えを見せ始め、七〇年代に入って急激な退潮を示すことになった。こうした社会民主主義の退潮をもたらす重要なきっかけとなったのが、一九七三年に起こった変動相場制への移行と第一次石油ショックである。覇権国アメリカの経済力の相対的衰退により、戦後の安定した国際通貨体制としてのブレトン・ウッズ体制が維持できなくなり、それに代わって変動相場制が導入されたが、新しい通貨体制の登場に伴う国際貿易の混乱によって、先進諸国の経済成長にはブレーキがかかることになった。さらに、産油国による原油価格の大幅な引き上げがもたらした衝撃によって、先進諸国がそれまで享受してきた高度経済成長は、事実上終焉を迎えることになったのである［ギルピン、一九九〇：三五二―三五三］。

高度経済成長の終焉は、戦後の社会民主主義を支えてきた基盤の喪失を意味した。すでに見たように、高度経済成長は戦後の社会民主主義の中核とも言うべき資本と労働の協調関係（「戦後和解」）を支えていた。すなわち、高度経済成長の下で資本蓄積と完全雇用の両立が実現する一方、政府財政の悪化をもたらすことなく、税負担の抑制を求める資本の側の要求と福祉支出の拡大を求める労働の側の要求を満たすことが可能になっていたのである。一言で言えば、高度経済成長がもたらした豊かさは、分配の問題をめぐる資本と労働の間の対立を、かなりの程度和らげるのに貢献したのであった。

しかしながら、石油ショック以降の低成長経済においては、先進諸国の政府財政が急速に悪化していく中、ケインズ主義や福祉国家などの社会民主主義的政策プログラムの実施が困難になり、それとともに資本と労働との間の協調関係も動揺していくことになった。特に、ケインズ主義的経済政策に関しては、石油ショックをきっかけとした不況、大量失業、インフレが同時進行する状況、いわゆるスタグフレーションに対して、ほとんど効果がないばかりか、経済状況をさらに悪化させる逆効果をもたらしているとして、批判のやり玉にあがることになったのである。

そもそも、完全雇用の達成を目標とするケインズ主義的経済政策には、インフレと財政支出を不断に増加させる傾向があった。ロバート・スキデルスキー（Robert Skidelsky）によれば、ケインズ主義的経済運営が円滑に実施されるには、市場と政府に関して次のような前提が満たされる必要があった。第一に、経済において基本的に市場原理が貫徹していること。第二に、合理的な経済運営を実施するために、政府が十分な自律性を有していること。換言すれば、ある特定の経済団体が市場原理を無視した行動をとれるほどの力を有していたり、あるいは、政府の経済政策に対して多大な影響力を有するような場合には、ケインズ主義的経済運営は大きな困難に陥るとされたのである。現実には、二つの前提が往々にして満たされず、しかも、その結果として悪循環がもたらされることになったとスキデルスキーは主張する［スキデルスキー、一九七九：一二三―一二六］。すなわち、強力な労働組合が生産性の向上を上回るような賃金引き上げを勝ち取る。こうした賃金コストの上昇は製品価格の上昇に跳ね返ることになり、それは当該産業の国際競争力の低下を引き起こす。一方、経済の悪化を懸念する政府は、労働組合や経営者の圧力を受けて衰退産業に対する補助金によるテコ入れを強化することになる。以上の結果として、インフレと財政支出増大の悪循環が帰結することになるというわけである。

さらに、選挙における政党間競争の圧力が、政府の財政赤字を拡大させることになった。有権者の支持をつなぎとめるために、政府は福祉予算の拡大や減税などの需要喚起策を実施するのに躍起となる一方、財政健全化を達成するため有権者に不人気な増税を実施することには、非常に慎重な態度をとるようになったのである。こうしたやり方は、高度経済成長が続いている間はなんとか維持することが可能であったが、低成長経済への移行とともに大きな困難に直面せざるを得なかったのである。

かくて、ケインズ主義的経済政策の信頼性低下とともに、戦後の社会民主主義も大きく動揺していった。もはや、かつてのように完全雇用経済において資本による利潤追求と労働による賃金上昇の追求を両立させることは困難になり、国家介入の実施によって安定した経済と充実した福祉国家をめざすという戦後の社会民主主義の掲げてきた目標も、実現が難しくなったのである。そして、経済の停滞、インフレ、大量失業の発生、政府債務の増大、国際収支の悪化などのさまざまな経済的困難に対して、社会民主主義勢力は有効な解決策を提示できなかった。そうした状況の中で、一九七九年のイギリスにおけるサッチャー政権の誕生を一つのきっかけとして、小さな政府、規制緩和、民営化などを主軸とする新自由主義的政策プログラムを掲げた保守主義勢力の台頭が、一九七〇年代末から八〇年代にかけて各国で見られていったのである［豊永、一九九八］。

もちろん、すべての先進諸国において保守主義政党の躍進が見られたわけではなく、フランス、スペイン、ギリシャなどの南欧諸国における政権獲得が示すように、一九七〇年代末から八〇年代にかけて、社会民主主義政党が選挙で比較的悪くないパフォーマンスを示すケースもあった。しかしながら、一九七九年のイギリス労働党の政権喪失と八二年のドイツ社会民主党の野党転落が象徴するように、全体として、この時期には社会民主主義勢力の退潮と保守主義勢力の台頭という形での潮流の変化が起きていたのである。しかも、社会民主主義政党の選挙でのパフォーマンスに関わりなく、この時期は先進諸国を通じて、有権者の間でのいわゆる「保守化」の進行によって特徴づけられることになった。すなわち、先進国の有権者は、ケインズ主義的経済政策や福祉国家の充実などの社会民主主義的政策プログラムの有効性に対する不信を強めていった結果、減税、民営化、規制緩和などを通じて国家介入や公共セクターを削減し、市場の自由化促進をめざす新自由主義的政策プログラムに引きつけられていったのである。

こうして先進諸国の有権者の間で新自由主義的風潮が浸透する中、社会民主主義政党は困難に直面せざるを得なかった。なぜなら、戦後の社会民主主義の五つの特質のうち、政治的自由主義を除いて、混合経済、福祉国家、ケインズ主義的経済政策、平等に対する信念は、すべて広範な国家介入を前提とするものであり、社会民主主義政党はこうした国家介入の伝統に束縛されていたために、国家と市場の関係の見直しは容易なことではなかったからである。また、市場の自由化に伴う個人主義的、消費者主義的傾向の拡大と社会民主主義の伝統的価値である社会的連帯との間で、どのような折り合いをつけるのかという難問も、社会民主主義政党を悩ませることになった。

一九八九年のベルリンの壁の崩壊をきっかけとして冷戦が終結し、ソ連や東ヨーロッパ諸国の共産主義体制が破綻したことは、国家主導型の社会主義的計画経済に対する資本主義的自由市場経済の優位性を明らかにした。このことは世界的な自由化傾向を加速させることによって、社会民主主義政党が直面するディレンマをいっそう際だたせることになった。そこで、広範な国家介入を前提とした戦後の社会民主主義とは異なる、新たな社会民主主義のあり方が模索されることになったのである。以下においては、イギリス労働党のケースを取り上げて、二一世紀に向けての新しい社会民主主義創造の努力を検討することにしよう。

三　イギリス労働党の再生

(1)　社会民主主義的コンセンサスの形成

先に見たように、先進諸国の戦後体制のあり方には、社会民主主義的な要素が色濃く反映することになったわけだが、それはイギリスにおいても例外ではなかった。そして、イギリスにおける社会民主主義的政策枠組の確立に大きな役割を果たしたのが、一九四五年の総選挙勝利によって成立したクレメント・アトリー（Clement Attlee）を首班とする労働党政権であった。このアトリー政権が遂行した政策枠組は、後に政権に復帰した保守党からも基本的に尊重されることになり、一九七〇年代までほぼ三〇年間にわたって継続する社会民主主義的コンセンサス、あるいは、戦後のコンセンサスの内実をなすことになった。

まず、完全雇用に対するコミットメント、および、それを達成するためのケインズ主義的経済政策の採用を、社会民主主義的コンセンサスを特徴づける第一の要素として挙げることができる。実は、すでに戦時中の一九四四年に発行された白書において、政府の経済政策が追求すべき目標として完全雇用（正確には「高く、安定したレヴェルでの雇用」）が掲げられていたが、この目標は七〇年代に至るまで、保守党、労働党を問わずイギリスの歴代政権によって追求されることになったのである［力久、一九九四：二二五五］。

完全雇用の目標やケインズ主義登場の背景には、一九三〇年代の厳しい不況下での大量失業の発生があった。当時の政府は、失業やそれに伴う貧困の蔓延にもかかわらず、特に失業を減らすための努力を見せることはなかった。なぜなら、均衡財政を金科玉条とする正統派経済理論の影響の下で、失業問題は市場が解決するとされていたからであり、政府による不必要な介入は、かえって問題を悪化させると考えられたからであった。しかしながら、イギリスにおける大量失業は、結局のところ、第二次世界大戦が勃発するまで解消しなかった。その結果、戦後のイギリスにおいては、一九三〇年代の大量失業を再び繰り返してはならないという意識が国民の間に行き渡る一方、経済学者の間で次第に影響力を広げつつあったケインズの経済理論に基づくケインズ主義的経済政策が、失業問題に対する解決策として受け入れられたのである。

社会民主主義的コンセンサスを支える第二の要素として、混合経済を挙げることができる。基幹産業の一部や公益事業の国有化による公的所有と私的所有の併存、そして、経済の計画化を通じた政府による一定程度の直接的な経済介入などの混合経済の要素が、戦後イギリスの大きな特徴となった。国有化については、一九四五年から五一年にかけて、アトリー政権の下で、イングランド銀行、石炭、鉄鋼、電気、ガス、鉄道、航空、貨物輸送などのさまざまな産業が公的所有の下に移された。ただし、こうした広範な国有化の実施は、イデオロギー的な理由によるというよりも、むしろ、実際的、もしくは、プラグマティックな理由に基づいていたと言うことができる。すなわち、主として、非効率、独占、劣悪な労使関係、不十分な投資などの問題を抱えていた産業を合理化するという目的に導かれて、アトリー政権の国有化は実施されたと見ることができるのである。そのために、労働党が政権を失って野党になって以降、新たな国有化の対象として示された主な産業は、保守党政権の下で脱国有化された鉄鋼産業だけだったのである。一方、保守党は当初産業国有化をあまり歓迎するものではなかったが、政権に復帰してからは、鉄鋼産業を例外として既存の国有化産業を容認することになった。なお、経済の計画化については、社会主義的な計画経済ではなく、あくまでも市場経済を前提とした限定的な経済計画が実施された。

戦後のコンセンサスを支えた三つめの要素である福祉国家についても、完全雇用の目標やケインズ主義と同様に、戦争中にその確立に向けた重要な一歩が示されていた。すなわち、一九四二年にウィリアム・ベヴァリッジによって発表されたベヴァリッジ報告において、「欠乏、疾病、無知、不潔、無為(Want, Disease, Ignorance, Squalor, Idleness)」を根絶するために、いわゆる「ゆりかごから墓場まで」の包括的な社会福祉制度を作り上げることが提言されていたのである［力久、一九九四：二五四］。労働党は、ベヴァリッジ報告の提言を実現するという公約を掲げて一九四五年選挙を戦い、政権を獲得すると、失業、疾病、老齢などの際に一定の所得を保障する国民保険制度、そして、税金に基づく公的医療サーヴィスとしての国民医療制度などを中心とする戦後イギリス福祉国家の基本的枠組の形成に貢献した。そして、アトリー政権によって確立された福祉国家の諸制度は、保守党が政権に復帰して以降も、継承・発展を見せることになったのである。

以上のように、アトリー政権によって確立されたケインズ主義、混合経済、福祉国家を支柱とする社会民主主義的コンセンサスの立場は、アトリー以降も労働党指導部によって基本的に尊重されることになったが、労働党内には、左派を中心としてコンセンサスに批判的な勢力も若干存在していた。労働党左派によれば、アトリー政権が実施した改革は、イギリスの資本主義を根本的に変革したわけではなく、資本家を支配階級とする階級構造にほとんど手をつけることがなかったとされたのである。そして、資本主義から社会主義への根本的な変革を達成するために、産業国有化の拡大と経済計画化の促進という目標が掲げられていた。

これに対して、社会民主主義のイデオローグとして、最も注目される存在であったアンソニー・クロスランドは、社会民主主義的コンセンサスを擁護して次のような反論を行っていた。

クロスランドによれば、市場のもたらす害悪を強調し、その解決策として国有化や計画化に執心する労働党左派の立場は、目的と手段を混同していると批判された〔クロスランド、一九六二［I］：一四八―一五三〕。すなわち、国有化や計画化は、社会経済的平等や社会正義などの目的を達成するための手段にすぎないとクロスランドは論じたのである。しかも、こうした手段は、労働党が追求する平等や社会正義などの目標を実現する上で、必ずしも適切なものではないとされた。なぜなら、一つには、株式会社化などにより大企業の所有と経営の分離が進行した結果、企業経営者は利潤の極大化に限らず、他の社会的な目標をも視野に入れるようになったからであった。ちなみに、クロスランドは、企業による利潤の極大化の追求は、結果として消費者の利益を促進し、投資と雇用の拡大をもたらすことになるとして、市場メカニズムに対して一定の肯定的な評価を与えていた。経済政策手段としての国有化と計画化の重要性の低下をもたらした、もう一つの理由としてクロスランドが挙げたのが、ケインズ主義に基づく国家の積極的な経済政策を通じて、経済的効率と平等や社会正義との両立が可能になったということである。ケインズ主義的経済政策は、不況の深刻化を防ぎ、安定した経済成長をもたらす。また、経済成長は、完全雇用、高い生活水準、および、福祉国家の財政的基盤を提供する。そして、福祉国家の諸政策と累進課税に基づく税制によって、平等と社会正義を実現するための低所得層に対する再分配が可能になるとクロスランドは論じていた。このように、ケインズ主義的経済政策の実施、および、それによる経済成長の継続こそが、戦後の社会民主主義的コンセンサスに基づく政策枠組の存立を支える鍵となっていたのである。

(2) 社会民主主義的コンセンサスの崩壊と労働党の左傾化

ケインズ主義、混合経済、福祉国家を中心とする社会民主主義的コンセンサスは、一九五〇年代から六〇年代にかけて、他の先進諸国と同様にイギリスにもかつてないほどの繁栄をもたらしたが、七〇年代に入ると急激な退潮を見せることになる。

一九七〇年代における国際通貨体制の混乱と石油ショックをきっかけとして、不況、大量失業、インフレが同時進行するという、いわゆるスタグフレーションが発生し、イギリス経済は深刻な困難に陥ることになった。しかしながら、不況脱出と失業削減をめざして実施されたケインズ主義に基づく景気刺激策は、かえってスタグフレーションを悪化させる結果に終わったのである。かくて、社会民主主義的政策枠組の根幹をなすケインズ主義的経済政策に対する信頼は失墜することになり、それとともに社会民主主義的コンセンサスの崩壊が見られることになった。

先に見たように、労働党においては、産業国有化や経済計画化などの社会主義的な政策を求める左派を中心として、社会民主主義的コンセンサスに批判的な勢力が若干存在してきた。同様に保守党においても、経済に対する国家介入を廃して自由市場経済の確立を求める右派が中心となって、少数ながらコンセンサスに批判的な勢力を形成していた。こうした社会民主主義的コンセンサスに批判的な労働党左派と保守党右派は、一九七〇年代におけるイギリス経済の困難と社会民主主義的政策枠組の機能不全によって、それぞれの党内において勢力を大きく拡大させていくことになったのである。その結果、労働党においては、七九年総選挙における敗北の後、左派のマイケル・フット（Michael Foot）が党首に選出され、政策の左傾化が顕著になった。対照的に、保守党においては、右派のマーガレット・サッチャー（Margaret Thatcher）の党首就任、および、七九年選挙勝利による政権獲得をきっかけとして、政策の右傾化が進行することになったのである。こうして戦後のコンセンサスを支えていた二大政党の双方ともに、以前とは大きく異なる政策的立場をとるようになったために、七〇年代末から八〇年代初頭にかけて、コンセンサスの政治から敵対政治へと大きな変化が見られるようになった［野村、一九九一：一八〇］。言い換えれば、社会民主主義的コンセンサスは崩壊したのである。

さて、一九七九年選挙における敗北以降、勢力を拡大することになった労働党左派は、党首選出方法の改革や右派議員の排除を目的とする下院議員の強制的再選考などの一連の党組織改革を通じて、党内における権力基盤を強化していった［力久、一九九〇］。これに対して、左派のイニシアティヴによる労働党の左傾化を危惧していた右派の一部は、八一年一月に労働党に見切りをつけて新党を発足させることを明らかにした。そして、二〇人を超える労働党下院議員を含む離党者によって同年三月に社会民主党が発足し、ここに労働党の分裂が現実化することになったのである。労働党右派の中には、あくまで党にとどまる決断をした人々も少なからずあったが、それでも労働党の分裂によって、党内の権力バランスがさらに左傾化したことは疑いようもなかった。

こうした労働党内における左派の影響力強化を反映して、一九八三年総選挙に向けた労働党の政策綱領（マニフェスト）には、社会主義色の強い政策が並べられることになった。特にその経済政策に関しては、労働党左派の間で有力になっていたオールタナティヴ経済戦略（Alternative Economic Strategy）

が、主な理論的基盤を提供していた。

英国病という表現が使用されるほどイギリス経済が深刻な不振に陥った一九七〇年代を通じて、労働党左派においては、経済に対する国家介入を一気に拡大する社会主義的な経済政策を実施しない限り、イギリス経済の活性化はあり得ないとする議論が強くなっていた。そうした議論が、やがてオールタナティヴ経済戦略と呼ばれる一連の経済政策にまとめられていったのである。

オールタナティヴ経済戦略は、完全雇用に対するコミットメント、および、それを達成する手段としてケインズ主義的経済政策を採用している点で、戦後の社会民主主義的コンセンサスと共通点を有していた。しかしながら、ケインズ主義に基づいて、公共投資や福祉予算の拡大などによる大規模な需要喚起策を実施すれば、一方で外国からの輸入の急増を招き、他方で金融市場の不安定化をもたらす危険があった。こうした問題に対するオールタナティヴ経済戦略の基本的な立場は、「イギリスを束縛している世界経済の鎖を打ち砕く」という言葉で要約される。すなわち、イギリス経済の活性化を実現するためには、政府の経済政策に対する世界経済からの影響を遮断するための保護主義的な対策を実施する必要があるということであった。

そのような保護主義的政策手段として、オールタナティヴ経済戦略において中心的な役割を与えられたのが、輸入統制と外国為替統制であった。外国からの輸入を制限する輸入統制は、失業率の増大をもたらしている産業空洞化に歯止めをかけ、外国製品との競争から国内産業を保護するために必要とされた。また、自由な通貨取り引きを制限する外国為替統制は、左翼的な政策を掲げる労働党政権の誕生に伴う資金の国外流出を防ぐためだけでなく、国内投資よりも海外投資に重点を置く多くのイギリス企業の傾向を改善するために必要とされたのである。そして、輸入統制や外国為替統制を実施するためには、ＥＣ（欧州共同体 European Community）からの脱退が前提条件とされた。なぜなら、こうした保護主義的な政策と、関税および非関税障壁の撤廃を通じた域内市場の自由化を推進するＥＣへの加盟は、両立しないと考えられたからであった。

社会民主主義的コンセンサスにおいては、ケインズ主義的経済政策を通じた政府による積極的な経済運営が想定されていたが、オールタナティヴ経済戦略においては、政府の果たすべき役割として、ケインズ主義に基づく間接的な経済介入に加えて、経済計画を通じた、より直接的な介入が強調されていた。すなわち、政府の経済計画によって、民間企業の投資を誘導して技術開発や成長産業への十分な投資を確保する一方、衰退産業や地域の適応を促進しなければならないとされたのである。また、オールタナティヴ経済戦略では、経済計画化を通じた国家介入の拡大が追求されるのと同時に、資本と労働の間の権力バランスに関して、後者の側への不可逆的な移行を達成するために、労働者の経営参加を大幅に拡大する産業民主化の推進と、アトリー政権の国有化を超える広範な産業における国有化が掲げられていた。ちなみに、一九八三年労働党マニフェストにおいては、保守党サッチャー政権によって民営化された企業の再国有化に加えて、電子機器、製薬、医療機器、建築資材などの産業が国有化の対象として挙げられていた［The Labour Party 1983］。

こうして労働党は、戦後最も左翼的なマニフェストを掲げて、一九八三年総選挙に臨むことになった。しかしながら、輸入統制、外国為替統制、ＥＣ脱退、経済計画化、大幅な国有化などのさまざまな社会主義的な政策を、イギリスの有権者が信頼することはなかった。マニフェストに掲げられたこれら

表 2-1 総選挙結果（1979—2001 年）

（単位：%）

年	保守党		労働党		自由民主党*	
	得票率	議席数	得票率	議席数	得票率	議席数
1979	43.9	339	37.0	269	13.8	11
83	42.4	397	27.6	209	25.4	23
87	42.3	376	30.8	229	22.6	22
92	41.9	336	34.4	271	17.8	20
97	30.7	165	43.2	418	16.8	46
2001	31.7	166	40.7	412	18.3	52

＊ 1979 年選挙：自由党，1983–1987 年選挙：自由党と社会民主党の連合．

出典 （Butler and Kavanagh［2001：260–261］）より作成．

の政策は、米軍基地の撤廃や一方的核軍縮などの他の一連の左翼的な政策とともに、労働党は極左勢力の支配する政党であり、もはや統治の責任をまかせることのできない無責任政党であるという批判をもたらすことになった。その結果、一九七九年選挙から二〇〇一年選挙までの六回の総選挙結果を示した表2–1に示されているように、労働党は一九八三年選挙において戦後最悪の大敗北（得票率二七・六%、議席数二〇九）を喫したのである。

(3) 政策見直し

戦後最悪の結果となった一九八三年選挙惨敗からの回復過程は、必ずしもスムーズなものではなかった。保守党政権が長期化する一方、労働党の政権復帰は、一四年後の九七年選挙まで実現しなかったのである。こうした労働党再生へ向けた息の長いプロセスを開始したのは、選挙惨敗の責任をとって辞任したフットに代わり労働党党首に選出されたニール・キノック（Neil Kinnock）であった。

キノックは、八三年選挙マニフェストに掲げられていたような左翼的な政策ではなく、有権者の期待や不安に応えるような現実的な政策を持たなければ、労働党の政権復帰はあり得ないということを強く意識していた。このような政策の現実化をめざすキノックの努力を促進したのが、総選挙後に進行することになった労働党左派における勢力の再編成であった。すでに選挙以前から、労働党左派の中では、急進派と穏健派との間の亀裂が見え始めていたが、それが選挙惨敗をきっかけとして決定的なものとなったのである。急進左派は、総選挙での惨敗にもかかわらず、マニフェストに掲げられた左翼的な政策へのコミットメントを変えなかったが、キノックに代表される穏健左派の人々は、労働党は、イギリス経済や社会の変化に対応し、有権者の信頼を獲得することができるように、政策の再検討を行わなければならないと考えはじめたのである。かくて、キノックは、穏健左派の支持に加えて、労働党分裂の際に党に残留した右派の支持を背景に、急進左派を孤立化させることに成功し、それとともに政策の現実化の動きが進められることになった。

一九八七年選挙に向けた労働党のマニフェストでは、前回のマニフェストで示された輸入統制、外国為替統制、EC脱退など一連の左翼的な政策が削除されることになり、さらに、国有化や計画化に関する内容についても、ある程度薄められていた［The Labour Party 1987］。しかしながら、表2−1が示すように、八七年選挙は、労働党にとって前回に次いで戦後二番目に悪い結果（得票率三〇・八％、議席数二二九）に終わった。世論調査結果が示した労働党の敗因は、有権者がまだ労働党の政策に対して抵抗感を抱いており、しかも、労働党を統治の責任を任すことのできる統治政党として信頼していないということであった。

たしかに、一九八七年のマニフェストには、以前までの左翼的な政策を引きずっている部分もあった。社会的所有への移行という名称によって、漸進的な形での民営化産業の再国有化がめざされていたし、保守党政権が導入した労働組合規制の撤廃や、一方的核軍縮などの有権者に不人気な政策も残されていたのである。しかし、七九年以降三度目となる選挙敗北は、キノックを中心とする労働党指導部に対して、それまでの政策転換は十分なものではなく、さらにそのプロセスを加速させなければならないということを確信させた。

こうして一九八七年選挙における敗北をきっかけとして、広範な分野に関する労働党の政策の根本的な刷新、いわゆる「政策見直し（The Policy Review）」がスタートすることになった。そして、この政策見直し作業の中から明確化されていった大幅な政策転換が、労働党指導部、および、労働党大会による承認を経て、九二年選挙に向けたマニフェストの中に生かされることになったのである。

一九八七年から九二年にかけての政策見直しは、たしかに労働党の政策の大幅な転換をもたらした。特に経済政策に関して注目される変化として、市場経済に対する評価が目に見えて肯定的なものに変わったという点を指摘できる。市場経済のマイナスの側面を強調したオールタナティヴ経済戦略や八三年マニフェストの立場は影をひそめ、財やサーヴィスの生産、および、分配を最適化する市場メカニズムのプラスの側面が前面に出されるようになった。問題はもはや市場経済を受け入れるか否かというところにはなく、それをいかに活用するかというところにあるとされたのである。それに対して、政府による市場への介入は、きわめて限定的なものが想定されていた。すなわち、競争政策を通じた市場における競争的枠組の維持、および、市場による供給が十分ではないとされた職業訓練、研究開発、地域開発の促進などが、政府が果たすべき役割として挙げられたのである。そして、民営化産業の再国有化や、公的所有そのものに対するコミットメントも見られなくなっていった。

以上のような市場経済に対する高い評価は、一九八〇年代初頭の左派支配の時代はおろか、戦後のいわゆる社会民主主義的コンセンサスの時代に労働党がとっていた政策的立場からも、少なからぬ変化であると言える。なぜなら、たしかに戦後の社会民主主義の代表的なイデオローグであったクロスランドなどは、一方で、市場メカニズムに対して一定の肯定的な評価を与えていたが、他方で、混合経済の枠組の中での公的所有や市場の失敗を矯正する上での国家介入に対して、重要な位置づけを与えていたからである。

経済政策に関して、政策見直しが戦後の社会民主主義の立場から一歩踏み出したと見なすことができるもう一つの点は、ケインズ主義的経済政策の有効性をもはや強調しなくなったということである。ケインズ主義の有効性をめぐっては、政策見直しの初期段階において、肯定的な立場と否定的な立場との間で議論があった。しかし、一九九二年選挙マニフェストが作成される頃には、後者の立場をとる影の大蔵大臣ジョン・スミス（John Smith）が主導権を握るようになった。スミスのイニシアティヴによって、インフレ抑制の目標を達成するために、財政均衡を重視する正統派財政金融政策に沿った立場が示されるようになったのである。そして、ECにおける通貨安定に貢献していた為替相場メカニズム（ERM：Exchange Rate Mechanism）への早期参加も主張されるようになった［The Labour Party 1992］。

キノックのイニシアティヴによる政策見直しを通じて、大幅な政策転換が実現したにもかかわらず、労働党は一九九二年選挙において再び敗北を喫した。表2‒1が示すように、労働党は三四・四％の得票率で二七一議席を獲得したが、保守党に得票率で七・五％、議席数で六五もの差をつけられたのである。

一九七九年選挙以降四回連続となる総選挙敗北は、労働党にとって大きなショックをもたらすことになったが、キノックによって開始された政権復帰をめざす基本戦略が大きく変更されることはなかった。しかし、政権復帰を果たすために、政策転換をどこまで押し進めるのかという点については、見方が分かれていた。一方の側に、八〇年代末から九〇年代初頭にかけての政策見直しによって、労働党が必要とした政策転換は完了しており、後はキノックに代わる新しい党首の下で、政策の微調整を行いつつ、保守党政権の失政を待つべきとする見方があった。これに対して、他方の側には、政策見直しによる政策転換は十分なものではなく、八〇年代から九〇年代にかけてのイギリス経済や社会の変化に対応して、労働党も組織改革と政策転換を推進することにより、さらなる現代化を図らなければならないという見方があった。後者の見方によれば、九二年選挙の敗因は、マニフェストにおいて示されていた高額所得者に対する控えめな増税（所得税最高税率の四〇％から五〇％への引き上げ）によって年金と児童手当を充実する公約だったとされた。

こうした労働党の控えめな増税策が保守党による攻撃のターゲットとなり、労働党が政権をとれば大増税が実施されるというネガティヴ・キャンペーンが、有権者の中でも特にホワイト・カラーと熟練労働者に大きなインパクトを与えたと考えられた。保守党は、いわゆる「ミドル・イングランド（Middle England）」と呼ばれる社会階層の間に根強く残っていた労働党に対する不信感を利用して、政権維持に成功したのであり、そうした「ミドル・イングランド」の労働党に対する不信感を払拭するためには、さらなる現代化が必要とされたのである［吉瀬、一九九七：一〇五―一〇九］。

さて、一九八七年選挙と九二年選挙に連敗したキノックは辞任し、後任党首にジョン・スミスが選出された。スミスはキノックによる政策転換のプロセスを一貫して支持してきたが、党首に就任して以降、それをさらに推進することについては慎重なアプローチをとった。スミスは、政策転換をさらに進めることによって党内に軋轢をもたらすことを辞さない対決型のリーダーシップではなく、右派と穏健左派との間の協調関係を重視する融和型のリーダーシップをとったのである。

ただ、スミスのリーダーシップの下で、それまで懸案とされてきた党組織改革の問題、すなわち、党首選挙や下院議員候補者選出における労働組合幹部によるブロック・ボート（一括投票）を廃止し、それに代わって、組合メンバーによる一人一票制（OMOV：One Member One Vote）の導入が実現したことを指摘しておく必要がある。また、それまで党大会において九割以上の比重を占めていた労働組合の票を、七割に削減する改革も実施された［吉瀬、一九九七：一二三―一二八］。さらに、スミスの後任党首に選出されたトニー・ブレア（Tony Blair）の下で、労働組合の票は五割にまで削減されることになった。

こうした組織改革の実現はあったものの、基本的に党内融和を強調するスミスの下で、「あと一押し（one more heave）」で政権復帰を達成できるのではないかという期待が生まれたが、そうした期待は、一九九二年九月に起こったイギリスのＥＲＭからの脱落をきっかけとする有権者の間での保守党政権に対する不信感の広がりによって、かなり現実味を帯びるようになった。しかも、労働党は九四年六月の欧州議会選挙において、前回を上回る議席を獲得して保守党を破ったのである。しかしながら、不幸にもスミスは欧州議会選挙の直前に心臓発作のために急死した。

(4) 労働党規約第四条改正

ジョン・スミスの後任として、一九九四年七月にトニー・ブレアが労働党党首に選出された。ブレアは前任者とは異なり、キノックによって開始された労働党現代化のプロセスをさらに推進し、それまでの労働党（オールド・レイバー Old Labour）とは明確に区別される新生労働党（ニュー・レイバー New Labour）として、組織的、イデオロギー的刷新を達成しなければ、政権復帰はあり得ないという確信を抱いていた。そうした立場は、ブレア率いる労働党に対して「ニュー・レイバー」という呼称を用いるようになったことにまずあらわされた。また、単なる呼称だけでなく、実質的な刷新がはっきりと示されることになったのが、ブレアによって断行された労働党規約第四条の改正であった。

党首に就任してわずか二ヶ月後に開かれた党大会において、ブレアは労働党規約第四条の改正をめざすという立場を明らかにした。この発言は多くの関係者にとって驚くべきものであった。なぜなら、一九五〇年代末に、当時の労働党党首ヒュー・ゲイツケル（Hugh Gaitskell）が、国有化に対する労働党のイデオロギー的コミットメントを体現する規約第四条の改正を提起したときには、党内で多くの反対の声があがり、結果としてその試みは失敗に終わったからである。ゲイツケルの手痛い失敗の経験によって、キノックやスミスを含めて後任の労働党党首たちは、たとえ第四条の改正を望んでいても、決してそのことを公にすることはなかった。

一九一八年に制定された労働党規約第四条には「生産、分配、交換手段の公有」が掲げられていた。それは、私的所有によって特徴づけられる資本主義から公的所有によって特徴づけられる社会主義への移行に対する、労働党のイデオロギー的コミットメントを体現するものであった〔The Labour Party 1989, 241〕。しかしながら、先に見たように、一九五〇年代になると、労働党指導部は、もはや資本主義の完全な廃絶をめざすのではなく、私的所有や市場メカニズムが一定の役割を果たすことを認める社会民主主義的コンセンサスの立場をとるようになっていた。それにもかかわらず、第四条の改正が一九九〇年代まで手つかずの形で残されたのは、ゲイツケルの失敗の際に明らかになったように、国有化や計画化、そして、社会主義に対するコミットメントを示した第四条には、単に労働党左派のみならず、それ以外にも多くの人々から愛着が寄せられていたからであった。いわば、第四条は労働党創設期の貴重な遺産として、労働党関係者の間でノスタルジックな愛着の対象となっていたのである〔尾上、一九九八：七―九〕。

前任の労働党党首たちが避けてきた第四条の改正であるが、ブレアにとっては、ぜひとも達成しなければならないものであった。なぜなら、少なくとも一九五〇年代以降、労働党はこの条項が指し示すものとは明らかに異なるイデオロギー的立場をとっており、しかも、政権を獲得した際には、そこに掲げられた目標を実現に移す意図など全くなかったにもかかわらず、公には依然として第四条を維持してきたために、労働党が政権を担うことに対して一部の有権者の間で抱かれていた不安を払拭することができなかったからである。ブレアは、こうした有権者に対して、労働党が大きく変わったということをアピールするためには、それまでの労働党との違いを明確に示す必要があると考えていた。そして、そのような象徴的な断絶を明示する役割を果たしたのが、規約第四条の改正だったと言うことができる。それは、国有化と計画化を通じて市場経済や資本主義の廃絶をめざす社会主義的立場を、労働党が名実ともに否定する公的な宣言であったと見なされたのである。

ブレアが第四条の改正を必要としたもう一つの理由は、それが労働党のめざす目標として「生産、分配、交換手段の公有」を掲げることによって、目的と手段の混同をもたらしているということであった。ブレアによれば、国有化や計画化はあくまでも目的を実現するための手段にすぎず、労働党が一貫して追求してきた自由、平等、社会正義などの価値を実現するには、そのための政策手段も、常に変化する社会や経済の状況に応じて変えていかなければならないとされたのである。ちなみに、こうした目的と手段の明確な区別を強調するところに、かつての社会民主主義イデオローグ、アンソニー・クロスランドとの共通性を見ることができるだろう。

一九九五年四月に開かれた労働党特別党大会において、労働党規約第四条の改正が実現することになった。特別党大会に参加した選挙区労働党のうち、約九割が改正に賛成していたのに対し、少なからぬ反対が出ると見られていた労働組合も、結果的に過半数が賛成に回ったために、賛成が七割近くという圧倒的多数で改正が可決された。旧第四条では、「生産、分配、交換手段の公有」が掲げられていたが、新第四条では、「市場における企業家精神と活発な競争」を重視し、「繁栄する民間セクター」と「質の高い公共サーヴィス」の共存をめざす立場が明示されることになった。また、機会の平等を保障し、貧困や偏見の根絶をめざす「公正な社会」の実現も掲げられたのである［The Labour Party 1996, 4］。ブレアのリーダーシップによって達成された労働党規約改正に対しては、マス・メディアの多くが、ダイナミックな市場経済の受け入れを通じて、労働党が現代的な中道左派政党へのイデオロギー的再生を果たしたとして、きわめて高い評価を与えていた。

(5)　第三の道の経済政策

一九九七年総選挙における労働党の勝利によってブレア政権が誕生して以来、「第三の道（The Third Way）」という概念が、労働党閣僚や労働党のブレインによって頻繁に使用されるようになり、マス・メディアをもにぎわすようになっている。それでは、ニュー・レイバー、そして、ブレア政権が追求する第三の道とは、いったいどのようなイデオロギー的、政策的立場なのだろうか。

そもそも、第三の道という表現自体は、それほど新しいものではない。よく知られた例としては、第二次世界大戦後の社会民主主義勢力が、アメリカの自由市場経済とソ連の共産主義計画経済のどちらとも異なる独自の政策プログラムに対して、第三の道という名称を与えたことが挙げられる。

これに対して、ニュー・レイバーがめざす第三の道は、ブレアのブレインの主要メンバーであり、著名な社会学者でもあるアンソニー・ギデンズ（Anthony Giddens）の言葉を借りれば、「過去二、三〇年間に根源的な変化を遂げた世界に、社会民主主義を適応させるために必要な、思考と政策立案のための枠組み」を意味するとされている。そして、第三の道という名称は、オールド・レイバーが追求してきた戦後の社会民主主義、もしくは、社会民主主義的コンセンサス（第一の道）、および、サッチャー以降の保守党政権によって追求されてきた新自由主義（第二の道）のどちらをも超える新しい社会民主主義の方向性を指し示すために使われている［ギデンズ、一九九九：五五］。さらに、ブレア自身の言葉によれば、第三の道は、これまで中道左派勢力がめざしてきた自由、平等、社会正義その他の目標については、変わらぬコミットメントを有しているが、目標を達成するためにどのような政策手段を選択するかについては、柔軟、かつ、革新的で前向きな姿勢を持つものであるとされている［Blair 1998, 1］。

このように第三の道は、戦後社会民主主義と新自由主義のどちらとも異なる新しい社会民主主義として位置づけられている。ということは、次の三つが当てはまるということになるだろう。①戦後社会民主主義と第三の道は異なる。②新自由主義と第三の道も異なっている。しかしながら、③その本質において、第三の道は社会民主主義の現代的発展形としてとらえることができる。以下、この三つが実際に妥当するかどうか検討することにしよう。

先に見たように、戦後社会民主主義、もしくは、社会民主主義的コンセンサスを特徴づける主要な要素として、ケインズ主義、混合経済、福祉国家の三つを挙げることができた。このうちケインズ主義と混合経済という経済政策上の立場に関して、ニュー・レイバーの追求する第三の道は、オールド・レイバーとはかなり異なるアプローチをとっていると言うことができる［舟場、一九九八：七二―七四］。

すでにニール・キノックの時期から開始されていたのだが、ブレアと影の大蔵大臣ゴードン・ブラウン（Gordon Brown）のリーダーシップによって、労働党のマクロ経済政策におけるケインズ主義からの脱却が達成されることになった［リーズ、一九九九：四五―五〇］。第三の道のアプローチは、経済のグローバル化が飛躍的に進んだ今日の世界において、投資家の信頼を得られないような経済政策を実施すれば、資本の流出や競争力の喪失によって大きなダメージを受けることになるという考え方に基づいていた。それゆえ、ケインズ主義的需要管理政策にのっとって、他の先進国とかけ離れた景気刺激策を実施するのは逆効果であるとされた。ケインズ主義的経済政策ではなく、正統派財政金融政策によって経済を安定させ、民間の投資を促進するような枠組を作り上げることが、ニュー・レイバーの追求するマクロ経済政策の根幹に置かれることになったのである。

経済の安定を実現するために金融政策が一義的に追求すべき目標は、インフレ抑制に定められた。具体的には、一九九七年選挙マニフェストにおいて、労働党政権の下でインフレ率を二・五％以下に抑えることが掲げられた。さらに、公定歩合などの金融政策に関する決定を、政府の短期的な利害から切り離すために、中央銀行であるイングランド銀行に対して金融政策上の決定権が付与された。この改革によって、労働党政権は、金融政策という経済運営にかかわる重要な権限を、イングランド銀行に移譲したのである。これによりイングランド銀行の独立性は飛躍的に高まった。

財政政策についても経済の安定が追求された。すなわち、財政赤字をできるだけ抑制して、景気循環を通じた財政均衡がめざされたのである。そして、政府支出と税制については、大きな政府を是とするオールド・レイバーの立場が放棄された。それに代わって、民間セクターの投資と経済成長を促進するために、政府支出と国民の税負担を健全なレヴェルに抑制する小さな政府の達成が目標とされるようになったのである。こうした労働党の新しいアプローチを示すために、一九九七年選挙マニフェストにおいては、総選挙以降二年間について、保守党政権が定めた政府支出に関する厳しいシーリングを守るという公約が掲げられた。また、保守党政権の減税によってかなり低くなっていた所得税の税率について、その引き上げを行わないということが明言された［The Labour Party 1997, 12–13］。現実にブラウン蔵相によって作成された予算では、所得税率の引き上げがなされなかったばかりか、さまざまな減税が実施された。また、法人税についても、大胆な減税策が実施されることになったのである［力久、二〇〇〇：三〇九］。

次に、混合経済に関してであるが、ブレアの達成した労働党規約第四条の改正が象徴的に示しているように、ニュー・レイバーは、国有化に対する旧第四条のコミットメントを、公共セクターと民間セクターの間のバランスに関する新第四条の柔軟な立場によって置き換えることになった。言い換えれば、公共セクターと民間セクターの間の線引きの問題は、イデオロギーによって決めるのではなく、プラグマティックな判断に委ねるべきであるとされたのである。そして、公共セクターと民間セクターの間の二者択一ではなく、両者の間のパートナーシップが強調されるようになった。かくて、規約第四条の改正によって、国有化に対する労働党のコミットメントは解消された。いまや、ニュー・レイバーは国有化に対する関心を失ったばかりか、公共セクターのさらなる民営化さえも視野に入れるようになっている。そして、民間資金を活用して社会資本を整備し、公共サーヴィスの充実を図るという、保守党政権によって開始されたＰＦＩ（民間資金イニシアティヴ Private Finance Initiative）も、労働党の一九九七年選挙マニフェストにおいて掲げられることになったのである［The Labour Party 1997, 16］。

混合経済のもう一つの要素である経済の計画化、あるいは、経済に対する政府介入についても、労働党は、企業活動に対する規制強化を主張する立場から、基本的に規制緩和を主張する立場へと大きく転換した。こうした労働党の新しい立場の下で、衰退産業などに対する政府の補助金は、単なる延命策としてではなく、効率化と創造性を促進するためになされなければならないとされるようになった。そして、規制緩和を追求する新しい立場を如実に示すことになったのが、保守党政権によって推進された柔軟な労働市場政策の支持である。労働党は、そもそも労働組合の利益を政治の場で守るために設立されたという経緯から、労働者の生活労働条件を改善するための法的規制には賛成であった。しかしながら、グローバル化や情報化社会の急速な進展という新しい状況を前にして、高い労働コストなど労働市場の硬直化をもたらす規制の問題性が認識されるようになったのであった［森田、一九九八：四三―四四］。

このように、ブレアの推進する第三の道は、戦後社会民主主義の経済政策の支柱となってきたケインズ主義と混合経済からの脱却を明確に示している。それでは、第三の道とは、サッチャー以降の保守党政権のイデオロギー的基盤となっていた新自由主義と実質的に同様の立場なのであろうか。たしかに、ニュー・レイバーが新自由主義の影響を強く受けた政策プログラムを持つようになったことに疑いはない。特に正統派財政金融政策の採用によって、ニュー・レイバーはマクロ経済政策について新自由主義的な立場をとったと言っても過言ではないし、またＰＦＩや柔軟な労働市場政策などの受け入れも、労働党の経済政策に対する新自由主義の無視できない浸透をあらわしていると見ることができるのである［小堀、一九九七：五一七―五二三、二〇〇一：一九六―一九八］。

しかしながら、正統派財政金融政策の採用などによって、マクロ経済政策に関して新自由主義の影響を強く受けているとすることができる一方、第三の道は、ミクロ経済政策、特に経済のサプライ・サイド（供給面 supply-side）の改革に関して、政府の積極的な介入を想定している点で、新自由主義の立場とは大きく異なっていると言うことができる。

労働党政権のミクロ経済政策は、いわゆる「サプライ・サイド社会主義（supply-side socialism）」と呼ばれる立場に基づいている。サプライ・サイド社会主義によれば、持続可能な経済成長を達成する上で、オールド・レイバーのように経済のディマンド・サイド（需要面 demand-side）に注目して、ケインズ主義的需要管理政策を実施するのではなく、経済のサプライ・サイドに注目し、この分野における改革こそが重要であると見なしている。サプライ・サイドに関わるさまざまな要素、すなわち、労働力、テクノロジー、インフラストラクチャーなどの改善が、イギリス経済の長期的な成長率を上昇させる上で、決定的な意味を持つとされるのである。しかも、これらのサプライ・サイドに関わる諸要素は、新自由主義が主張するように市場の自由化によって最適化されるわけではなく、政府の積極的な介入を通じて改善されると考えられているのである。

第三の道は、経済のサプライ・サイドに関する規制緩和だけでは、持続可能な経済成長を達成できないという考え方をとっている。グローバル化や情報化に適応するため、柔軟な労働市場政策のように企業活動に対する規制をできる限り緩和することは、経済の活力と刷新をもたらすので、それ自体としては望ましい。しかし、先進国であるイギリスは、労働コストの低さでは発展途上国と競争できない。しかも、イギリスの国際競争力を強化する上で鍵となる質の高い労働力の創出は、個々の企業の努力に任せていたのではとてもおぼつかないのである。そこで、特に教育と職業訓練に関して政府が積極的な役割を果たすことにより、失業者が再雇用される機会を拡大する一方、不断の技術革新によって次々と生まれてくる新しい産業の要求に適応することができる質の高い柔軟な労働力を整備しなければならないということになる。こうして、ブレア政権においては、柔軟な労働市場政策とともに、特に教育と職業訓練の充実に力点が置かれることになる。

労働力の質の向上をめざすブレア政権の取り組みの中でも、特に注目されるのが、いわゆる「福祉から職へ（welfare-to-work）」プログラム、もしくは、職を持たない人々に対する「ニュー・ディール（New Deal）」である［阪野、一九九九：二二―二五］。労働党の一九九七年選挙マニフェストにおいては、六ヶ月以上失業している二五歳以下の若者二五万人に対して、就業、教育、および、職業訓練の機会を与えるという公約がなされていた。これらの若者には、①賃金の一部を政府が補助する形での民間企業への就職、②失業手当を上回る収入を保証された非営利団体における労働、③資格を持たない若者に対する認可されたコースでのフルタイムの教育、④環境保護活動への参加という四つの選択肢が与えられていたが、これらの選択肢をすべてを拒否して失業手当を継続受給することは許されないとされた。その他、すべての一六歳と一七歳の若者に対する適切な資格獲得の保証、二年以上失業している長期失業者への対策、そして、子供を持つ片親に対する就業アドヴァイスなどが、ニュー・ディールの骨子として掲げられていた［The Labour Party 1997, 19］。

政権獲得直後の一九九七年七月にブラウン蔵相が発表した予算においては、ニュー・ディールの諸プログラムに対して、三五億ポンドを支出することが明らかにされた。その財源としては、保守党政権の下で次々と民営化されたが、市場における独占的な地位により過剰利益を手にしていると批判された公益企業への一回限りのウィンドフォール（たなぼた windfall）税が充てられていた。また、九九年三月に労働党政権の下で作成された第三回目の予算が発表された際に、五〇歳以上の長期失業者についても、新たにニュー・ディールの対象として加えられることが示されたのである。そして、ニュー・ディールを通じて二五万人の若者に就業のチャンスを与えるという公約は、二〇〇〇年一一月に達成されることになった。このようにブレア政権の積極的雇用促進政策は、着実な前進を見せつつ、さらにそのスケールを拡大していると言うことができる。

以上のように、第三の道と新自由主義とは、マクロ経済政策における正統派財政金融政策の採用、および、ミクロ経済政策におけるサプライ・サイド改革の重要性の認識では共通性を有している。しかし、新自由主義においては、柔軟な労働市場の創出など規制緩和によるサプライ・サイド改革が主に考えられているのに対して、第三の道においては、規制緩和に加えて、ニュー・ディールのような政府の積極的な介入が必要とされているところが明確に異なっている。さらに、第三の道においては、すべての規制緩和が歓迎されるわけではなく、限定的な規制強化の必要も認められている。このような考え方に基づいて、ブレア政権は、一九九九年四月から低賃金労働者のための最低賃金制度を導入する一方、二〇〇〇年六月には、過半数の労働者を組織する労働組合を経営者の側が交渉相手として承認する義務を明示する雇用関係法を成立させたのである。

加えて、累進課税など政府の財政政策を通じた財産や所得の再分配についても、貧困層などへの再分配に原則として否定的な新自由主義の立場とは異なり、第三の道においては、再分配政策が一定の役割を果たすことが認められている。ただし、高所得層や中所得層に対するあまりに厳しい税率の設定は、脱税や節税を促すことによって結果として税収の増加をもたらさないばかりか、企業家精神や創意工夫に対する阻害要因となり、経済活力をそぐ危険があるということが十分に意識されているので、緩やかな累進課税がめざされることになる。こうしたマイルドな再分配の原則の下で、ブレア政権がこれまで実施してきた予算においては、貧困層向けの減税、児童手当や老齢年金の支給額引き上げなどの再分配政策がなされてきた。このようなさまざまな施策の影響が積み重なった結果、貧困層の可処分所得が若干増大しているのに対して、富裕層の可処分所得は、わずかではあるが減少を見せることになったのである。

政府の役割に関する積極的な見方、規制緩和を金科玉条としないプラグマティックな立場、および、控えめな再分配政策へのコミットメントなどを考慮すれば、第三の道の経済政策を新自由主義的経済政策と同一視することは難しいだろう。一方、ケインズ主義や混合経済からの脱却によって、戦後社会民主主義と第三の道の間には、経済政策に関して少なからぬ相違があるとすることができる。しかしながら、社会正義の実現などの政策目標に関して言えば、両者の間に根本的な溝が存在するとまでは言えないだろう。特に、失業者や低賃金労働者への対策、および、再分配政策を通じた社会的弱者への配慮などを考慮すれば、ニュー・レイバーの追求する第三の道は、社会的公正の実現という社会民主主義の基本的立場を維持していると言えるだろう［福田、一九九七：三六］。言い換えれば、第三の道の経済政策を、グローバル化の進展という大規模な変化を経験しつつある世界経済に適応するための社会民主主義の刷新、すなわち、新しい社会民主主義の一環として位置づけることにさほどの違和感はないように思われる［力久、二〇〇〇：三一一―三一七］。

(6) 第三の道と福祉国家

福祉国家は、戦後社会民主主義のもう一つの主要な特徴であり、労働党はその発展に対してアトリー政権以来、多大な貢献をしてきた。国家によるさまざまな福祉サーヴィスの全国民に対する普遍的給付は、貧困などの危険から国民を守り、社会的団結を維持する上で欠かせないものとされていたのである。そして、労働党は福祉国家の維持発展を強力に支持する立場をとり、提供される福祉サーヴィスのさらなる充実を主張してきた。まさに、普遍的な福祉サーヴィスの給付は、戦後の労働党にとっては、現代社会における基本的権利として見なされたのである。

第三の道は福祉国家の存在意義を否定するものでは決してないが、その位置づけに関して、戦後社会民主主義とは大きく異なる見方をとるようになっている。その点を明らかにするために、まず福祉国家を支えてきた重要な価値である平等に対する信念の変化について検討してみたい。

先に見たように、戦後社会民主主義イデオローグのアンソニー・クロスランドによれば、福祉国家、および、平等に対する信念は相互に結びついたものであり、社会的弱者の境遇の改善に対する社会民主主義のコミットメントを体現しているとされた。すなわち、福祉国家の充実を通じた社会的弱者の境遇改善は、より平等な社会の実現という社会民主主義がめざすべき目標の一部を成すとされたのである。また、平等の概念についても、形式的な「機会の平等」ではなく、再分配政策を通じた社会経済的平等までをも視野に入れた、一定程度の実質的な「結果の平等」が、その内容を成すことになった。

クロスランドによれば、「機会の平等」を徹底して能力主義（meritocracy）社会を実現すれば、それはそれで望ましい方向への変化と言えるが、そのような「相続に基づく貴族制」を「能力や知識に基づく貴族制」に置き換える改革は、十分なものではないとされた。彼は「機会の平等」に加えて、所得や財産、社会的特権などについても、より平等な配分が望ましいと考えていたのである。ただ、クロスランドは、すべての者が同じ所得や財産を持つべきであるという意味での「結果の平等」を主張したわけではない。特に所得に関して、高所得者に対する課税強化のような累進課税を通じた所得の平準化については、経済活力を損なうおそれが強いとして慎重な立場をとっていた。それに対して、財産に関する不平等を是正するためのさまざまな税制上の措置、たとえば資産税、キャピタル・ゲイン（capital gain）税、相続税などについては、クロスランドはそれらを福祉国家の財源として活用するよう強く主張していたのである〔クロスランド、一九六一〔Ⅱ〕：七二―一二八〕。

このように戦後社会民主主義の理論的支柱の役割を果たしたクロスランドは、「機会の平等」に加えて一定程度の「結果の平等」を求めていたが、第三の道においては、平等の問題が「包摂」と「排除」という概念でとらえられている。アンソニー・ギデンズによれば、「包摂」および「排除」の概念は、経済的平等や不平等と直接に関係するものではない〔ギデンズ、一九九九：一七六〕。すなわち、単に経済的に貧困な状況が、社会的「排除」を意味するわけではないとされるのである。社会的な排除とは、単に貧困であるというだけではなく、職を獲得し維持するために必要な技術や能力、そして、勤労意欲を欠いているために、社会の主流から切り離されている状況をいうのである。

そこで、第三の道が考える福祉国家の重要な役割の一つとして、ニュー・ディールなどのプログラムによって提供される教育や職業訓練を通じて、こうした社会的に排除された人々の技能を向上させ、彼らの雇用可能性を高めるということが挙げられる。言い換えれば、形式的な「機会の平等」の恩恵を受けずに社会的に排除された人々に対して、金銭的給付を与えることによって「結果の平等」を追求するのを目標とするのではなく、教育や職業訓練を通じて彼らの雇用可能性をできる限り増大させることによって、実質的な「機会の平等」を保障することこそが、第三の道における福祉国家の目標とされたのである。ブレア政権によって一九九七年一二月に設立された社会的排除対策会議（Social Exclusion Unit）は、こうした目的を達成するために省庁間の枠組を越えて編成されることになった。

第三の道においては、貧困層一般に対する給付などによる経済的不平等の是正ではなく、社会的に排除された人々の労働市場への参加を通じて、社会への「包摂」を達成することが、福祉国家の重要な目標とされている。このように平等の問題を社会的包摂の問題としてとらえている点、また、勤労倫理や自助努力に力点が置かれているという点で、第三の道と戦後社会民主主義とは微妙な違いを見せていると言えるだろう［阪野、一九九九：二二一―二二五］。ただし、世代を通じた財産に関する不平等の蓄積の問題については、所得税のみならず相続税や贈与税の減税をも求める新自由主義とは異なり、第三の道はクロスランドと同様に税制を通じて不平等をある程度是正すべきであるという立場を堅持している。

戦後社会民主主義と第三の道の相違点として、次に挙げることができるのが、後者においては、社会的に排除された状況から抜け出すために、福祉国家の提供するさまざまなプログラムに参加する「権利」は、それに対応する「義務」と密接に結びつけられているという点である。すなわち、政府の側は社会的に排除された人々が職を得て社会的包摂を達成するのを援助するのに対して、これらの人々は政府が提供する教育や職業訓練などのプログラムに参加することによって、自ら雇用可能性を向上させなければならないとされるのである。もしも、こうした「義務」を果たすことを拒絶する場合には、失業手当の給付停止などの何らかの制裁が加えられることになる。

福祉に関連するさまざまなサーヴィスをどのように提供すべきかという点についても、戦後社会民主主義と第三の道の間には相違が存在する。前者は、中央政府、地方政府を問わず、原則として公共セクターによる福祉サーヴィスの提供が望ましいとしていたのに対して、後者は、現実にサーヴィスを提供する主体として、公共セクターに限定することなく、民間セクターや非営利団体などの第三セクターを含めたパートナーシップの重要性を強調しているのである。そして、こうした非公共セクターによって提供されるサーヴィスの質を維持するために、政府による適切な規制や監督の必要が認識されている。このような福祉国家に関する第三の道の基本的立場に基づいて、ブレア政権は、病院や学校などの施設を充実するために、民間資金を活用するＰＦＩ（民間資金イニシアティヴ）を推進し、また、年金生活者にとって決して十分な給付額ではない国民年金を補完するためのいわゆる「ステークホールダー年金」については、政府が定める枠組の中で、保険業界と雇用者、被雇用者との間のパートナーシップによる運営が構想されているのである。

以上のように、福祉国家の位置づけに関して、高福祉高負担を是認する戦後社会民主主義と効率的な福祉国家をめざす第三の道との間には、少なからぬ相違が見られる［高橋他、一九九九：一四二―一四三］。それでは、福祉国家をめぐる新自由主義と第三の道の関係はどのようになっているのであろうか。

サッチャー以降の保守党政権のイデオロギー的基盤を提供した新自由主義は、戦後の社会民主主義的コンセンサスの下で拡大してきた福祉国家に対して、かなり批判的な見方をとっていた。すなわち、戦後の福祉国家は、本来民間セクターが果たすべき役割や個人が自ら責任を負うべき分野にまで手を広げた。こうした広範なサーヴィスを全国民に対して普遍的に提供する福祉国家は、個人の自由を侵す独占事業となっているばかりか、福祉官僚制の肥大化とその非効率化がもたらす資源の浪費によって経済活力を損なっている。しかも、福祉国家はサーヴィスの受け手の間で依存心理を助長するので、そのような浪費は拡大の一途をたどらざるを得ない。結果として、戦後の福祉国家はイギリスの長期的衰退を悪化させることになったと論じられる［ギャンブル、一九八七：一八三―二一八］。

現実には、保守党政権は、こうした主張に基づいて福祉国家の全面的な民営化を達成することはなく、福祉予算の膨張に対して一定の抑制をかけたにすぎなかったが、それでもめざす方向性については明らかであった。福祉サーヴィスの提供よりも経済活動の促進が優先されなければならない。福祉国家への依存を廃して、個人の自助努力が促進されなければならない。平等と社会正義よりも、自由と選択が優先されなければならない。資源の配分はできる限り市場を通じて行われなければならない。基本的にこうした新自由主義の考え方に導かれて、保守党政権の福祉政策は形成されてきたと言うことができる。

福祉国家に対する第三の道の立場が、新自由主義から何らかの影響を受けていることは否定できない。それまで労働党は、戦後の社会民主主義的コンセンサスに基づく福祉国家の枠組を擁護する立場から、保守党政権による改革に反発してきたが、第三の道においては、一定程度新自由主義の主張が受け入れられている。たとえば、所得や財産に関する「結果の平等」の追求については、経済活力を損なうとして消極的な立場が見られるが、これは効率的な経済システムとしての市場メカニズムがもたらす不平等は容認されるという新自由主義の基本的な考え方に沿っている。また、福祉国家は官僚制の肥大化と非効率化を招くばかりか、サーヴィスの受け手の間に依存心理を助長するという問題意識も共有されている。そして、福祉国家への依存からの脱却を達成する上で、個人の自助努力を強調する点でも共通性が見られる。加えて、福祉官僚制のスリム化を達成するために、サーヴィスの提供主体として、民間セクターや第三セクターの活用を考慮するようになったところにも、新自由主義における民営化の議論の影響を見ることができるのである。

しかしながら、市場に対する規制などの国家介入を最小限にすることを求める新自由主義は、福祉国家についても、必要最低限のサーヴィスにとどまる消極的な「セーフティー・ネット」の役割を想定しているのに対して、第三の道においては、福祉国家がより重要かつ積極的な役割を与えられている点が大きく異なる。すなわち、職を持たずいわば社会的に「排除」された人々に対して、最低限の生活を支えるだけの給付を与える「セーフティー・ネット」ではなく、教育や職業訓練などを通じた雇用可能性の促進によって、そうした人々の労働市場への参加（社会的「包摂」）を援助する「トランポリン」の役割が、第三の道における福祉国家を特徴づけているのである［力久、二〇〇〇：三一五］。しかも、富裕層から貧困層への再分配政策に原則として否定的な新自由主義の立場と異なり、第三の道においては、社会的に排除された人々の雇用可能性を促進する上で、再分配政策が一定の役割を果たすことが認められている。ただし、再分配は「結果の平等」に資するからではなく、社会的経済的に不利な立場にある人々が、教育や職業訓練を通じて自己の能力を最大限に発展させることによって、労働市場における公正な「機会の平等」を確保するために必要であると位置づけられている。

以上のように、福祉国家の位置づけに関して、消極的かつ否定的な新自由主義の見方と積極的かつ肯定的な第三の道の見方の間には、根本的な相違があると結論づけることができるだろう。一方、平等の問題をめぐる見方の違いなどにあらわれているように、福祉国家に対するアプローチに関して、戦後社会民主主義と第三の道の間には、たしかに少なからぬ違いがあるとすることができる。しかし、社会的に排除された弱者の境遇を改善する上で福祉国家に積極的な役割を与えているように、第三の道は大枠で社会民主主義の基本的目標である社会的公正の実現を追求していると言うことができる。その意味で、アンソニー・ギデンズにならって、第三の道の福祉政策を社会民主主義の現代社会に対する適応の一つのあらわれとして見ることができるように思われる。

四　むすび――「絶え間ざる修正主義」としての社会民主主義

一九世紀中頃のヨーロッパにおいて誕生し、二〇世紀中頃には先進諸国において政権を担う主要な政治勢力の一つに成長した社会民主主義の歴史的発展を見れば、それが決して不変の政治的ドグマなどではなかったことは明らかである。社会民主主義は、二〇世紀初頭のロシア革命を契機として暴力革命路線との訣別を明らかにし、さらに、第二次世界大戦以降、混合経済やケインズ主義を取り入れることによって、資本主義の根本的な変革をめざすのではなく、その枠の中で改革をめざす「修正資本主義」の立場を明確にしたのである。そして、二〇世紀末という世紀の転換点において、社会民主主義は第三の道として再び新たな刷新のプロセスを開始することになった。

このように社会民主主義の本質は「絶え間ざる修正主義」にあり、今後もそうあり続けるであろう。なぜなら、社会民主主義は、常に変化しつつある資本主義経済および社会に対応して、その政策やイデオロギー、そして、それらを基礎づけている価値規準さえも見直すことにより、長期にわたって先進諸国における主要な政治勢力として生き残ってきたからである。その意味では、イギリス労働党が追求しようとしている第三の道は、グローバル化や情報化の進展によって大きく変貌しつつある現代資本主義に対する適応であるとともに、そうした現代資本主義がもたらすマイナスの側面を是正しようとする社会民主主義の模索の一つであると位置づけることができるだろう。

もちろん、イギリス労働党の追求する第三の道が、社会民主主義のとりうる唯一の選択肢であるというわけではない［高橋、二〇〇〇：六七－六八］。資本主義がもたらす不安定や不平等などのマイナスの側面を是正し、社会的公正の実現をめざすという基本的な立場に立ったうえで、具体的にどのような政策プログラムを採用すべきか、あるいは、他の政治勢力との間でいかなる関係を築くべきかなどの問題をめぐって、これまでさまざまな議論がなされてきた。そして、社会民主主義の進むべき方向性をめぐって、今後も活発な議論が展開されていくことは間違いないと思われるのである。

社会民主主義の将来を展望するうえで、これまで社会民主主義を含む数多くの政治勢力が議会制民主主義の政治システムにおいて直面してきたディレンマを看過することはできない。すなわち、理想とする社会の実現に向けた政策プログラムを作成する必要と、現実政治において選挙での得票を極大化し、

〈社会民主主義のディレンマ〉

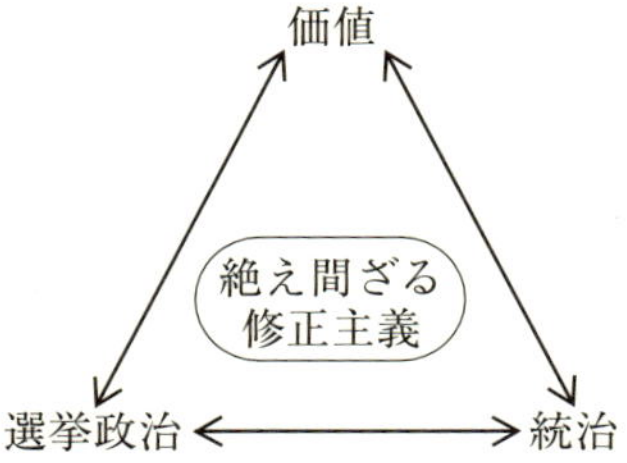

かつ、議会多数派を構築して政権を獲得する必要との間で、いかなるバランスをとるのかというディレンマである。もしも、前者にバランスが傾きすぎれば、選挙における得票と議会多数派の構築に支障が生じる可能性がある一方で、後者に傾きすぎれば、得票極大化と政権獲得のために原則をないがしろにする「裏切り」行為という批判を免れないのである。

また、理想とする社会の実現に向けた政策プログラムを、現実の統治の中で追求するという行為自体の中にも、困難なディレンマが潜んでいる。社会民主主義の理想を、現実の統治において実効性のある政策プログラムに変換しようとする努力に対しては、必ずと言っていいほど、「裏切り」もしくは理想の「水割り」という非難が浴びせられることになる。かといって、実効性に対する配慮を全く欠いた政策を形成・実施すれば、結果として政策の失敗と政権の喪失がもたらされ、理想の後退につながることになるのである。以上に加えて、得票極大化・政権獲得の必要と実効性ある政策プログラム形成の必要は、必ずしも重なりあうものではないというディレンマがある。

〈社会民主主義のディレンマ〉を示した概念図に明らかなように、社会民主主義勢力のリーダーたちは、価値と選挙政治と統治という三つの必要の間のバランスを、いかにとっていくのかという難問にこれまで長期にわたって悩まされてきたが、その問題に今後とも取り組んでいかなければならない。その意味では、社会民主主義の直面する基本的課題の枠組は、一世紀をはるかに超える社会民主主義の歴史の中で、それほど大きくは変わっていないと見ることができる。

二一世紀初頭のヨーロッパにおける右派回帰の潮流も、こうした枠組に位置づけるならば、社会民主主義に対して新たなチャレンジを与えたものと解釈できる。そして、社会民主主義の本質は「絶え間ざる修正主義」にあるとする本稿の見方が妥当性を持つとすれば、社会民主主義は必ずや新たな刷新を遂げ、政権担当可能性の高い主要な政治勢力として生き残ることになるだろう。

参考文献

梅川正美［一九九七］『サッチャーと英国政治［I］――新保守主義と戦後体制――』成文堂。

尾上正人［一九九八］「『クローズⅣ社会主義』の顛末――トニー・ブレアが否定したもの――」『大原社会問題研究所雑誌』第四七〇号、一―一三頁。

蒲島郁男・竹中佳彦［一九九六］『現代日本人のイデオロギー』東京大学出版会。

吉瀬征輔［一九九七］『英国労働党――社会民主主義を越えて――』窓社。

――［一九九八］「一九七〇年・八〇年代の西欧社会民主主義――〈ポスト・ケインズ主義〉的状況への対応――」『愛知県立大学外国語学部紀要（地域研究・国際学編）』第三〇号、四三―六六頁。

ギデンズ、アンソニー（佐和隆光訳）［一九九九］『第三の道――効率と公正の新たな同盟――』日本経済新聞社。

ギャンブル、アンドリュー（都築忠七・小笠原欣幸訳）［一九八七］『イギリス衰退一〇〇年史』みすず書房。

ギルピン、ロバート（佐藤誠三郎・竹内透監修、大蔵省世界システム研究会訳）［一九九〇］『世界システムの政治経済学――国際関係の新段階――』東洋経済新報社。

クロスランド、C・A・R（関嘉彦監訳）［一九六一］『福祉国家の将来［I・Ⅱ］――現代英国の分析――』論争社。

小堀眞裕［一九九七］「一九九七年英国総選挙に関する一考察――ニュー・レイバーと戦後コンセンサスについて――」『立命館法学』第二五三号、四八七―五三二頁。

――――［二〇〇一］「英国におけるクワンゴ問題に関する一考察――非選出・任命諸団体のアカウンタビリティーと労働党のクワンゴ改革――」『立命館法学』第二七四号、一八六―二六五頁。

阪野智一［一九九九］「ブレア政権の内政と外交」『国際問題』第四七三号、一七―三三頁。

篠原一［一九八六］『ヨーロッパの政治――歴史政治学試論――』東京大学出版会。

新川敏光［一九九九］『戦後日本政治と社会民主主義――社会党・総評ブロックの興亡――』法律文化社。

スキデルスキー、ロバート編（中村達也訳）［一九七九］『ケインズ時代の終焉』日本経済新聞社。

高橋善隆［二〇〇〇］「社会民主主義の国家像と『第三の道』」鶴田満彦・渡辺俊彦編著『グローバル化のなかの現代国家』中央大学出版部、四九―七一頁。

高橋進・高橋直樹・馬場康雄・宮本太郎・渡邊啓貴［一九九九］「『中道左派』政権を選択した欧州」『世界』第六五八号、一三五―一五二頁。

田口富久治［一九八九］「序論――ケインズ主義的福祉国家の危機と再編――」田口富久治編著『ケインズ主義的福祉国家――先進六カ国の危機と再編――』青木書店、一一―五〇頁。

田端博邦［一九八八］「福祉国家論の現在」東京大学社会科学研究所編『転換期の福祉国家［上］』東京大学出版会、三―七五頁。

玉井龍象［一九九九］『ケインズ政策の史的展開』東洋経済新報社。

豊永郁子［一九九八］『サッチャリズムの世紀――作用の政治学へ――』創文社。

西川正雄・松村高夫・石原俊時［一九九五］『もう一つの選択肢――社会民主主義の苦渋の歴史――』平凡社。

野村宗訓［一九九一］「イギリス経済政策における路線転換――社民主義の後退とサッチャリズムの展開――」新田俊三編著『国境を超えた社会民主主義』日本評論社、一六九―二〇一頁。

舟場正富［一九九八］『ブレアのイギリス――福祉のニューディールと新産業主義――』ＰＨＰ研究所。

ベルンシュタイン、エドゥアルト（佐瀬昌盛訳）［一九七四］『社会主義の諸前提と社会民主主義の任務』ダイヤモンド社。

福田豊［一九九七］「労働党社会主義の変容」『社会労働研究』第四四巻第二号、一―三九頁。

フクヤマ、フランシス（渡部昇一訳）［一九九二］『歴史の終わり［上・下］』三笠書房。

真柄秀子［一九九八］『体制移行の政治学――イタリアと日本の政治経済変容――』早稲田大学出版部。

宮本太郎［一九九九］『福祉国家という戦略――スウェーデンモデルの政治経済学――』法律文化社。

森田浩之［一九九八］『イギリスの中道革命』森田総合研究所。

リーズ、コリン［一九九九］「一九八九年以降のイギリス労働党」ドナルド・サスーン編（細井雅夫・富山栄子訳）『現代ヨーロッパの社会民主主義――自己改革と政権党への道――』日本経済評論社、二三―六八頁。

力久昌幸［一九九〇］「イギリス労働党の組織改革」一・二『法学論叢』第一二七巻第二号・第六号、七一―九九頁、五五―九一頁。

――［一九九四］「経済政策形成をめぐる政治――イギリスにおけるケインズ主義の拒否と受容――」『北九州大学法政論集』第二二巻第三・四合併号、二一七―二九〇頁。

――［二〇〇〇］「戦後イギリス政治における連続と断絶――一九九七年総選挙において誕生した労働党政権による新しい社会民主主義の模索――」『姫路法学』二八七―三四三頁。

Blair, Tony [1998], *The Third Way: New Politics for the New Century, Fabian Pamphlet 588* (London: Fabian Society).

Butler, David and Dennis Kavanagh [2001], *The British General Election of 2001* (London : Palgrave).

The Labour Party [1983], *The New Hope for Britain* (London : The Labour Party).

——— [1987], *Britain Will Win* (London : The Labour Party).

——— [1989], *Report of the Eighty-Eighth Annual Conference of the Labour Party* (London : The Labour Party).

——— [1992], *It's Time to Get Britain Working Again* (London : The Labour Party).

——— [1996], *Labour Party Rule Book : As Approved by the 1995 Annual Labour Party Conference* (London : The Labour Party).

——— [1997], *New Labour : Because Britain Deserves Better* (London : The Labour Party).

第三章　ラディカル・デモクラシー論の可能性について

中道　寿一

一　はじめに

一九八九年のベルリンの壁崩壊以来、十数年がたとうとしている。世界の政治思想状況は、かつてのような明確な対立軸を欠いて、リベラル・デモクラシーの勝利、あるいは、保守主義の勝利が主張されている。そうした中で、一方では、現に民主主義の制度の下に生活しながら、民主主義に対して魅力を感じることもなく、また、政治に対しても関心を抱かない多くの人々が存在している。にもかかわらず、否、それだからこそ、他方では、それぞれの立場から民主主義を根本的に問い直し、それを実現しようとする動きも起きているのである。

こうした民主主義の見直しの一つとして、ラディカル・デモクラシー論がある。そして、このラディカル・デモクラシーに関しては、様々な観点からのアプローチが可能である。千葉眞の整理を用いれば、①参加民主主義、②審議的民主主義、③社会民主主義、④ポスト・モダニズム、⑤差異の政治という五つの立場からのアプローチが存在する。①のアプローチは、S・S・ウォリン、B・バーバー、R・J・プランジャー、C・ムフ、C・D・ラミス、鶴見俊輔、久野収、高畠通敏らに代表される、市民の参加と自治とシティズンシップの観点を強調する。②のアプローチは、J・ハーバーマス、J・コーヘン、S・ベンハビブ、A・ホネットらに代表される、法治主義と立憲主義に基づく立場からのものであり、③のアプローチは、A・グラムシ、C・B・マクファーソン、A・ギデンズなどの理論や視座を導入した立場からのものであり、④のアプローチは、W・E・コノリー、E・ラックロウ、C・ムフ、S・K・ホワイト、B・ホニッグ、T・L・ダムらに代表される、差異、闘争（アゴーン）、抗争、ヴィルツウ、自己の複合的アイデンティティなどの諸概念を強調する立場からのものであり、⑤のアプローチは、I・M・ヤング、N・フレイザー、A・フィリップス、C・ウエストらに代表される、「新しい社会運動」や「多文化主義」の提起する問題を受け止めながら、少数民族やエスニック集団による文化的アイデンティティや差異の承認への要求を重視する立場からのものである［千葉ⓐ：一〇一―一一］。

ラディカル・デモクラシー論がこうした様々な系譜に由来する複数のアプローチの共存する錯雑とした状況にあるのは、ラディカル・デモクラシーが「性差、人種、階級、性のあり方、環境その他をめぐる様々な民主闘争を節合」し「政治的左派を一つの地平として再定義」することをめざしたもの［ムフⓒ］だからである。したがって、こうした状況はラディカル・デモクラシーそのものの性質から発生するものである以上、この状況の中にあって、ラディカル・デモクラシーは「自らの意味の明確化と深化の課題」に立ち向かわなければならないのであり、また、そうすることが可能なのである。そして、だからこそ、こうした様々な立場からのラディカル・デモクラシーへのアプローチがグローバルな規模で展開されているのである。それゆえ、本稿では、まず、ラディカル・デモクラシーとは何かについて概観し、次に、J・ハーバーマスのラディカル・デモクラシー論やC・ムフのラディカル・デモクラシー論などを取り上げ、ラディカル・デモクラシーの課題と展望について論じてみたい。

二　ラディカル・デモクラシーとは何か

「民主主義は、おそらく公的事象の世界において最も気まぐれな言葉であろう」と言ったのはB・クリック（『政治の弁償』岩波書店）であるが、第二次世界大戦によって「民主主義」国が勝利を収めた結果、「いかなる集団も、いかなる立場も、いかなる陣営も、『民主主義』のお先棒を担ぎ、『民主主義』にリップ・サービスを提供」［千葉ⓑ、三］するようになった。その結果、「デモクラシーという語が融通の利きやすいものであるために、政治家、官僚、哲学者が選挙のスローガンから軍事介入にいたるさまざまな目的のためにこの言葉をほしいままにできるようになっている」［トレンド：一二］。そして、かつて特権を有する人々を下から脅かした「危険な」民主主義は、今や体制の正当化イデオロギーとなるばかりでなく、いかなるものをも正当化する形式的な言葉に成り下がっている。

「これは単なる『民主主義』の多義性といった問題ではない。つまり、これは『民主主義』という言葉の陳腐化、腐蝕がここに生起したということである。『民主主義』という言葉が、その美名を誤用し、悪用する人々によって一般民衆から盗み取られたのである。その美名の下に自分たちの利益や権益が追求されるなかで、『民主主義』は価値剥奪を余儀なくされ、換骨奪胎されてしまったのである。もともと一般民衆の下からの権力、自治、参加、自己決定を意味していたはずの民主主義は、羊の衣をかぶる狼たちによって似て非なるものへと変質されてしまったのである」［千葉ⓑ、三］。

もちろん、トレンドの言うように、民主主義は「相対的な言葉」である。したがって、他のあらゆる表現と同様、民主主義の「意味は解釈、論争、異論の提起に開かれている」のであって、「単一のデモクラシーという考え方そのものが誤り」なのである。むしろデモクラシーには「単一ではなく、実に様々な利益、哲学、政治的プログラムが存在する」のであり、この多様性こそ、「直接デモクラシー、リベラル・デモクラシー、司法的デモクラシー、結社形成的なデモクラシー、社会民主主義、ラディカル・デモクラシー、そのほか数多くのデモクラシーの名称によって表現されている」［トレンド：一二］ものなのである。

それでは、デモクラシーの一つとしてのラディカル・デモクラシーとはいかなるものであるのか。民主主義の価値が剥奪され、換骨奪胎されているならば、そのようなものとして現実に存在する民主主義を批判し、本来の民主主義に立ち戻らせる必要がある。すなわち、「一般民衆の下からの権力、自治、参加、自己決定」という民主主義のあり方を再確認し、現実の社会において民主主義を不断に実現し続ける必要がある。こうした、民主主義を「その根もとから根源的（ラディカル）に捉え返そうとする」試み、いわば「デモクラシーの深化を模索する試み」、あるいは、「一般の民衆の発意と生活に根ざしたデモクラシーへの固有の視座」をラディカル・デモクラシーという。

わが国においていち早くラディカル・デモクラシー論を体系的に展開した千葉真によれば、「ラディカル・デモクラシーが着目するデモクラシーの根の営みとは、一般の人々の暮らし、生活、精神、思想、発意、文化である。それはデモクラシーの語源が、ギリシア語の『民衆』の『権力／統治』を示していることからも明らかであろう。ラディカル・デモクラシーとは、一般民衆の生活と思想に根ざし、その一般民衆の暮らしの根そのものから不断に育てられていくもの、鶴見俊輔氏の言葉を借りれば、『根もとからの民主主義』である」〔千葉ⓐ、七〕。

C・D・ラミスも、この「根元からの民主主義」について、次のような説明をしている。すなわち、デモクラシーとは一つの理念、政府の目的、歴史的プロジェクトであり、したがって、デモクラシーとは「ラディカル（根源）であり、全ての権力の平方根、そこから多種多様な政体が出てくる原数字、枝状に広がる政治用語全体の語源」なのである。このことから、デモクラシーは、「別の諸理論やイデオロギーの中に居座り、これらの理論が否定したいと思う永遠の『別の可能性』、答えるのに苦労する根本的な批判、取り付いて離れない妖怪」というものであり、「あらゆる権力と対立する、世界のどこにいっても危険思想であり、あらゆる国、あらゆる状況で自由のために闘っている人々を結びつける思想」なのである。それゆえ、ラディカル・デモクラシーとは、他のデモクラシーと区別するための表現であって、「人間が生きていくために基本的に不可欠なもの」、「全ての生きた政治の中心をなすエネルギーの源」であり、歴史とともに進歩もしないし退歩もしない「民主主義の基本的形、文字通り民主主義そのもの」を意味する。したがって、ラディカル・デモクラシーにとって、民主主義革命とは「戻ること、源へ帰ること」なのである、と。

それゆえ、千葉の言うように、ラディカル・デモクラシーとは、「大文字で始まる驕れるデモクラシー（Democracy）になるのを拒み、つねに小文字で始まるデモクラシー（democracy）であろうとする。デモクラシーは、多様な価値観や視点をもった複数の人々が構成していく政治の世界、つまり、政治的判断と行為の世界に身をおくものである以上、みずからのドグマ化や絶対化の衝動とは無縁なはずである。それは、つねに『未完のプロジェクト』であり、『途上の』、『破れた』、『試案的な』といった形容詞を伴うはずのもの」〔同前〕なのである。

したがって、一九八九年の東欧革命は、ラディカル・デモクラシーにとって重要である。なぜなら、八九年の東欧革命は、下からの民衆の革命であると同時に、「ラディカリズムとしてのマルクス・レーニン主義および国家社会主義の破綻」〔千葉ⓑ、二二〕を意味するものだったからである。それゆえ、ラディカル・デモクラシーは、「デモクラシーの根源性＝ラディカリズム、つまり、マルクス・レーニン主義や社会主義の立場よりラディカルな姿勢としてのデモクラシーのあり方」といえる。しかしまた、ラディカル・デモクラシーは、「自由民主主義の諸制度の枠組みの中で本来のデモクラシーのさらなる深化と具体化を模索し、それによって、自由民主主義の諸制度をデモクラシーの理念に照らして再活性化させること」を目的とするものであり、いわば、「自由主義の側に限界を見出し、その限界を乗り越える仕方で、デモクラシーの深化を模索する試み」〔同前：六〕ともいえるのである。

三　J・ハーバーマスのラディカル・デモクラシー論

あるインタビューのなかで、「社会主義の後に何が残るか?」というA・クリゼンスキーの質問に対し、「進歩を擁護する、確信的楽観論者」J・ハーバーマスと、「自由の進歩を支持したためにその人生を危うくした、全くの悲観論者」A・ミフニクはともに、それは「ラディカル・デモクラシー」であると答え、その理由について、ハーバーマスは次のように述べている。すなわち、「国家社会主義の崩壊によって、資本主義はますます自信を強めている。今日あえて資本主義を批判しようとするものなど存在しない。……〔だからこそ〕このシステムを批判しうる新たな思想が必要なのであり、その究極的基準はラディカル・デモクラシーの創造でなければならない」と。では、ハーバーマスのラディカル・デモクラシーとはいかなるものなのか。以下、その一端を考察してみよう。

J・ハーバーマスは、東欧の激変を前提にして書いた『遅ればせの革命』のなかで、「現存する社会主義のイメージが陰鬱で、出口のないものになればなるほど、我々は皆〈コミュニスト〉になっていった。つまり、公共の事柄についての心配や、グローバル社会において起こるかもしれない破局的なとんでもない発展への恐怖感を完全に手離してしまおうとはしないのだから、その意味で〈コミュニスト〉になったのである」というC・オッフェのアイロニカルな言葉を用いながら、ベルリンの壁崩壊後の社会政策上の共通の目標として「社会国家的妥協」を挙げ、次のように述べている。

「市場経済システムには市場外のコスト、社会的および自然的環境へと転嫁したコストを感じるセンシビリティが欠如している。したがって、我々のもとにあっては、危機的な経済成長の道は依然として国内においては周知の通りの不釣合や周辺化を伴っているし、第三世界においては経済的遅れ、いやそれどころか経済的後退、つまり野蛮な生活環境や文化的没収、そして飢餓に縁取られているし、なによりも、負担に耐えられなくなった自然サイクルの世界的な危機を同道させている。社会性およびエコロジーの立場からの市場経済の抑制というどこでも通じる定式は、資本主義の社会的抑制という社会民主党の目標を誰でも賛成せざるを得ない形に一般化したものである。それどころか、エコロジーおよび社会性の立場からの産業社会の改築という変革を目指した表現ですら、緑の党や社会民主党の枠を越えて広く賛同を得ている」と。そして、今日最も重要なことは、こうした共通の目標をどのように実現するかという「実現のオペレーション化の問題」であり、「闘争の場が社会政策的目標の次元から、その実現のオペレーション化の次元に移っている」ことを指摘している。したがって、ハーバーマスは、行政権力による社会への介入を伴う「社会国家」の限界を認識しつつ、「社会国家」に対する「社会性の立場からの抑制」を行わねばならないとし、そのためには、「自律的な複数の公共性と、貨幣および行政権力によって制御される行為領域との間の、関係のあり方を変化させる」必要があると主張する。そして、そのための「反省のポテンシャル」として、「対話的に流動化された国民主権」、すなわち、「コミュニケーション行為において前提されている相互承認のシンメトリー関係、つまりは、社会化された主体の自律性と個人化を可能とする相互承認のシンメトリー関係を、自然発生的な相互行為のもつ具体的人倫性から切り離し、……さらには、そのシンメトリー関係を相互了解と妥協という反省的な諸形式において普遍化し、法的制度化によって保証すること」を提示している。それは、換言すれば、「我々が具体的な生活状況で知っている相互承認のもつ要求度の高い諸構造を、排除を知らぬ意見形成過程および民主的な意志形成過程のもつコミュニケーション上の諸前提を通じて、法および行政によって媒介された社会関係へと転移させる」ことを意味する。こうした民主主義的法治国家の企図を、ハーバーマスは、「ラディカル・デモクラシー的な意見形成、意志形成」と呼び、これこそ、「国家社会主義が破産した後」、二一世紀の挑戦に対して、西欧社会から抽出し得る最も重要な回答であると言う。「社会主義の理念を、資本主義社会の急進改革的な自己批判へと移し入れること」、これこそ、「すべてが通り抜けねばならぬ針の穴」だと言うのである。

さらに、ハーバーマスは、「シティズンシップと国民的アイデンティティ」〔一九九二〕の中で、ヨーロッパ諸国に共通した難民・移民問題を前提にして、「フランスに一年間居住した『すべての』成人外国人に対して、国内に滞在する権利だけでなく、市民としての積極的な権利も与えると明記」した一七九三年革命憲法第四条を持ち出しながら、ヨーロッパ諸国は移民や避難所を求めている人々を受け入れるべきであると主張し、次のように述べている。「自己決定という民主的権利には、市民の権利の具体的状況を加味する独自の『政治的』文化を守る権利が含まれているが、特権化された『文化的』生活様式を自己主張することは含まれていない。民主的な法システムという立憲的枠組みの内部でのみ、異なった生活様式は対等な関係で共存できるのである。しかしながら、これらの生活様式は、共通の政治文化の内部で、……互いに共有部分を持たなければならない」と。この共有部分こそ、民主主義的法治国家の基礎をなす民主的シティズンシップであり、この民主的シティズンシップこそ、まさに「国家単位のシティズンシップと世界単位のシティズンシップ」を「一つの連続体」として結び付ける当のものなのであった。

ところで、こうしたハーバーマスのラディカル・デモクラシー論を前提にしながら、木部尚志は、ハーバーマスの民主主義的法治国家は「実質的な価値の合意による『倫理的統合』に依拠せず、憲法に表現された共生の形式的諸原理に基づく『政治的統合』を構成上の要件とする」のであり、しかも、この「政治的統合を支える政治文化の核心」は、彼の言う「憲法愛国主義」というもの、すなわち、「手続き上の抽象的な原理へのコミットメント」にほかならず、したがって、「多文化主義の要請や抗議」が生じた場合、「これらを通じて法の修正」を不断に実現していくことになるのであり、まさしくここに『未完のプロジェクト』としての民主主義的法治国家の根本的性格が現れている」として、ハーバーマスの民主主義的法治国家の問題点を次のように指摘する。

すなわち、第一に、彼の民主主義的法治国家は「憲法愛国主義」を受容し得る生活形式、「自由主義的な政治文化、これに対応する社会化モデル、私的領域の確立といったものを含む『合理化された生活世界』の存在を前提しているのであり、その適用範囲は「主に西洋社会の文脈に限定される」ものであるという点、第二には、彼の法理論は、「同等な権利からなる法システムを基本モデルとすることから、種々のエスニック集団や文化的生活様式の共存を、『同等の権利を付与された共存』として理解」しており、それゆえ、「多文化権のような特殊化された権利は、法の準拠枠から逸脱した異質な発想にすぎない」ものとみなし、「特定の文化およびエスニック集団に特別の法的権利を与えることに否定的」である。こうした理解の背景には、「個人から特殊性を捨象して、平等な諸権利の枠内に彼らを包摂する普遍主義的な市民概念」が存在し、そのことによって、多文化主義に対する理解が不十分なものとなっているという点である。

そして、木部は、以上のような問題点から、さらに、ハーバーマスの理論には「市民の道徳的次元を内在的契機として統合し得ない」という欠陥の存在することを導き出し、その欠陥を補完するものとして、「道徳的次元に根差す社会紛争を視座」としたA・ホネットの「相互承認論に基づく社会理論」を取上げる。木部によれば、ホネットの相互承認論からラディカル・デモクラシーを見るならば、ラディカル・デモクラシーとは、権利剥奪や排除、尊厳の剥奪や侮辱といった非承認の経験を契機として、諸個人の主体的かつ道徳的な次元に根差した承認闘争であり、「法と社会的価値評価の双方の次元での不当な扱いの撤廃と承認関係の改善を目指す」、承認闘争の重要な活動形態なのである。したがって、ホネットの相互承認論は、「多文化主義とラディカル・デモクラシーとの関係を把握する上で重要な示唆を与える」ものとされるが、愛、法、連帯という三つの承認形態の中でも、「共有された『価値地平』ないし『価値共同体』を前提とし、これに依拠しながら個人の性質や貢献（を）相互に評価」する「連帯」は、ハーバーマスと比較する上で重要な意味をもつのではなかろうか。

以上、J・ハーバーマスのラディカル・デモクラシー論とその批判について述べてきたが、J・ハーバーマスのラディカル・デモクラシー論に関しては、C・ムフからの批判もある。以下、ムフのラディカル・デモクラシー論と彼女のJ・ハーバーマス批判について考察してみよう。

四　C・ムフとC・シュミット

C・ムフは、そのラディカル・デモクラシー論を展開する際に、C・シュミットをしばしば引用する。C・シュミットは、周知のように、「ナチの桂冠法学者」とも称される人物であるが、今日では、様々な角度から研究対象とされている。たとえば、N・ゾンバルトは、C・シュミットの「思想の根源をドイツ的自己理解の最深最奥の層にまで掘り下げる」ことによって、シュミットを「ドイツ的宿命の精髄」として取り上げる［N・ゾンバルト：六］。すなわち、ゾンバルトは、精神分析学の手法を用いてシュミットを次のように分析する。

シュミットは「一八八八年近辺に等しく生を受けた『ドイツ男性』の世代全体の最も傑出した代表であり、ある種の思考の形式ならびに傾向、ある種の精神状態と心性――政治文化とドイツ史において特徴的であり、また、災危に満ちたものであったあの心性」を代表するものである。その「心性」とは、「保守革命」を唱えた人々に共通する心性である。彼らは、「ドイツの条件」「ドイツの使命」や「民族的なもの」「国民的なもの」すなわち、ドイツ「固有のもの」を擁護したのであるが、その「固有性」とは「男性性の妄想」で貫かれたものであった。「『固有のもの』とはドイツ的特性であり、男の関心事なのだ。それは本源的、根源的、存在論的に『ドイツ的』であり、同時にまた戦闘的で英雄的で堅固な男性性という特性を具備している。このドイツ的男性性妄想は不寛容と攻撃性において際立っていて、信奉者たちの言葉は過度の激情を帯びている。理性的にはとうてい理解できないような激情、ある意味で体質的な激情が彼らの精神特性の一部をなしている。反自由主義的な情動を指摘するだけでは十分ではない。この男たちは反女性主義者であり、反自由主義者であり、反社会的で、それに加えて反ユダヤ主義者であった」。

したがって、ゾンバルトはシュミットを「ドイツ特有の政治現象」として、とりわけ、ヴィルヘルム期からナチズムまで災危に満ちたドイツ史を支配した「病気」の代表的な「患者」としてとらえ、先の現象を「カール・シュミット症候群」と名づける［ゾンバルト：九―一二］。要するに、ゾンバルトによれば、ドイツ近代社会は、人間の両性性という根源的事実を無視して「女性的なもの」を徹底的に排除・抑圧し、家父長制秩序を維持しようとした男性中心の社会であった。その頂点こそビスマルクによる力づくの建国であり、このことが「ドイツ男性達」を「抑圧されたものの回帰と復讐の幻覚」に悩ませることになる。すなわち、「第一次世界大戦の敗戦は彼らの男性的自我に突きつけられた不能の宣告であり、『ビスマルクの建てた家が燃えている』という集団的危機意識がパラノイア的な敵形成と『決断』をドイツ男性に迫る。自由思想、アナーキズム、ユダヤ人の解放、女性の（性的）解放、これらは父権的秩序の解体を助長する『敵』勢力として、シュミットに代表されるドイツ男性の妄想の平面では一体をなしている」。したがって、シュミットは、「父権的（家父長的）な秩序を維持した時代の最後の断固たる代弁者」であり、彼の政治理論は、「『父権』の秩序を国家的レベルで回復し、あわせて『女性的なもの』をこの秩序から排除しようとする絶望的な努力の所産」と規定される［同：四九九］。

こうしたゾンバルトの「性」の観点からのシュミット解釈は、シュミットの提起した様々な政治概念の「一般性」の内包している偏りを暴露する。これに対して、ムフは、シュミットの一般概念を承認する。そして、その一般概念を用いてシュミットの政治理論と対決するという方法を取る。ここでは、ムフの「カール・シュミットと自由民主主義のパラドクス」（[Chantal Mouffe：一九九九］以下、特に断りのない引用は基本的にこの論文からの引用）という論文を手がかりにして、彼女のラディカル・デモクラシー論について考察することにする。

五　ムフのラディカル・デモクラシー論

すでにムフは、E・ラクラウとともに、ラディカル・デモクラシーとは「民主的革命の急進化と深化として――自由と平等という民主的な理想を社会生活のさらに広範な領域へ拡張することとして――構想されるべき」ものであると論じながら、自らの目指すラディカル・デモクラシーは「ラディカルで多元的なデモクラシー」であると規定し、リベラル・デモクラシーとの関係については、「ラディカルでリベラルなデモクラシーの一つのタイプ」であると位置づけていた。なぜなら、彼女のラディカル・デモクラシーの目的は「〈現存するリベラルでデモクラティックな社会とは〉全く異なった種類の社会を創造すること」ではなく、リベラル・デモクラシーの伝統を「根本から問い直すこと」」、リベラル・デモクラシーの伝統の「象徴的な資源を利用すること」であるからである。すなわち、デモクラシーの前提とする「全ての人間は自由であり平等である」という主張以上に根源的な（ラディカルな）社会構成原理が存在しないとしたならば、問題はデモクラシーの理念ではなく現実にあるのであるが、このデモクラシーの理念と現実とのギャップを前提に、理念を単なる「見せかけ」として斥け、全く異なる社会の構築を目指したソ連型社会主義の方法は放棄されなければならない。だとすれば、近代民主主義によって「宣言された原理を文字通り受け取って、自由民主主義社会をして、自らの公認の理念に責任を負わせること」、これこそ「ラディカルで多元的なデモクラシー」の道なのであった［ムフⓑ］。そして、ムフは、この道を進むとき、自由民主主義に対する最も激しい批判者カール・シュミットに取り組むのである。

ムフは、シュミットの思想との対決によって、「自由民主主義の本質に内在している重要なパラドクス」を知ることができるとして、シュミットの問題提起の適切性と現実性を示すために、市民性の限界と自由民主主義的コンセンサスの性格の問題を取り上げる。まず、「コスモポリタン的市民性」の到来を擁護し、市民が自国によって権利を侵害された場合に訴えることのできるコスモポリタン的法の必要性を主張するD・ヘルドと、「夢と希望からなる不可視の政治共同体に忠誠心を抱く巡礼市民」の登場を期待するR・フォークを取り上げ、彼らの考えが共和主義的市民概念に基づく民主的統治形式を危うくするものであるということ、そして、この議論は、民主主義と自由主義との緊張関係から生ずる問題であり、まさにシュミットが提起した問題であることを指摘する。

周知のように、シュミットは、民主主義には同質性と異質者の排除が必要であり、この同質性に支えられた実質的平等こそ民主主義の平等概念であると主張する。すなわち、全ての人民が自動的に他の全ての人間と等しいことを前提とする平等概念＝人類の普遍的平等概念とは異なり、民主主義の平等概念では、「誰がデモスに属し、誰がデモスの外部にいるのかを区別」しなければならない政治的平等概念であり、それゆえに、「特殊な領域において特殊な意味を通じてのみ存在しうる」ものなのである。シュミットによれば、「政治の領域では人は政治的利害を持つものとして存在する。政治的なものの領域では、政治的なものを抽象化することはできない」。現代民主主義国家における国民と外国人の区別は、この同質性を前提にしているのであり、この同質性を無視すれば政治的平等の完全な価値低下と、政治的なものの価値低下が生ずるのであり、しかも、実質的不平等は消滅するのではなく他の領域へ置換されるだけである。ムフは、まさに、このようなシュミットの議論をグローバル・デモクラシーに対置させるのである。

次にムフは、シュミットの議論を用いて、ラディカル・デモクラシーの一形態としての、J・ハーバーマスに代表される「審議的デモクラシー」に対して、この種のラディカル・デモクラシーでは「民主化のパラドクス」に対応できないと指摘する。周知のように、シュミットにおいて、民主主義は、治者と被治者との同一性から成り立つものであるが、その際、シュミットにとって重要なのは、民主的参加ではなく政治的統一であり、「国民」を構成するプロセスで必要な「排除」のモメント、すなわち、「われわれ」と「かれら」との線引きであり、「民主主義は常に包含と排除の関係を伴うという事実」である。要するに、シュミットは、排除なしには合理的コンセンサスは確立できないと主張するのである。

ムフによれば、これに対して、審議的デモクラシーは、政治の中に道徳性や正義の問題を導入し、政治の特殊性を看過している。これは、まさに、「リベラルな思想は、体系的な方法で国家や政治を無視し、二つの異なる極の中で、すなわち、倫理と経済、知性と貿易、教育と貧困の中で揺れ動く」というシュミットの指摘に合致する。また、S・ベンハビブによれば、民主的制度の正当性は、権力行使をする者は彼らの決定が全てのものの利益に平等に資する、偏見のない立場を表しているということを前提としている。「正当性を合理性によって基礎づけようとすれば、単なる合意と合理的コンセンサスとを区別しなければならない。なぜなら、公的討論の過程は、理性的な対話の条件を具備していなければならないからである。その条件とは、手続きの価値、すなわち、公平性と平等性、公開性と強制の欠如などである。討論とこうした価値とが結びつくことによって、その結果の正当性が確保される」。もちろん、ハーバーマスたちは、理性的対話を実現するには障害が存在することを認める。けれども、その障害は経験的なものであり、完全に取り除くことは不可能と認識されることにより、ここから、理想的な対話状態は、規制概念として機能することになる。

これに対し、シュミットの論理に従えば、「理想的な対話状況を実現するうえでの障害は、民主的論理そのものの中に」存在するのである。ムフによれば、「民主主義の実践を可能にする条件は、審議的デモクラシーの予定している民主的正当性を不可能にする条件でもある。自由民主主義社会のコンセンサスは、一つのヘゲモニーの表現であり、権力関係の透明化である。それが正しいものと正しくないものとの間に確立する境界は、政治的なものである。そうした排除のモメントの存在を否定すること、境界を合理性と道徳性によって指示されたものとして示すことは、特定の排除──編入の体制を通じて『人民』の一時的なヘゲモニックな節合化によって受け取られるべきものを、自然化することである。そうした操作の結果は、人民のアイデンティティを、多くの同一化の形式の一つに還元することによって具体化することである」。このムフの表現、とりわけ、「一つのヘゲモニーの表現」や「一時的なヘゲモニックな節合化」には若干の説明が必要である。

ムフは、社会的行為者を「同質的かつ統一的な実体」としてとらえるのではなく、「主体位置の多種多様性」によって構成されているととらえる。この「主体位置の多種多様性」という概念は、ポスト・モダニズムの哲学的成果を取り入れたものであり、「近代の本質主義的な単一論的主体論、合理主義の統一的主体論に代わって、人間主体の位置づけにおける多様な源泉と局面に着目し、複合的な自己論、アイデンティティの重畳性につながる概念」［ムフⓒ：四六訳注］である。したがって、社会行為主体は、「一元的な主体」ではなく、「複合的な主体位置が一定のまとまりをもって結合したもの」であり、主体内部においては「特定のディスコースの内部で構築」され、複数の主体位置の間では、「不安定な形のまま、そのつど縫い合わされる」ようにして構築される。

すなわち、「主体は、多種多様な主体位置の結節点において構築」されるのであり、種々の主体位置に関しては、「何らの先験的ないし必然的関係は一切なく、それらの節合はひとり支配的な慣習の帰結にほかならない。その結果、いかなるアイデンティティも決定的な仕方で確立されているということはない。むしろ、そこには、複数の異なる主体位置の節合のされ方に即した仕方で、つねにある程度の開放性と曖昧性が存在する」［ムフⓒ：二五］のである。そして、ムフの言う節合（articulation）とは、「節合的な実践の結果としてのそのアイデンティティが変更されるような諸要素の間に、関係を打ち立てるような一切の実践」［ムフⓐ：一六九］のことであり、「いかなる節合も暫定的、部分的でしかありえず、アイデンティティも最終的に固定化されることはない」［田中］。

したがって、この視点は、個人的利益のみを追求する個人観を背景にもつ自由主義や「あらゆる主体位置を階級に還元してしまうマルクス主義」には欠如している視点、普遍性のあらゆる主張を峻拒する視点である。また、この視点に基づくならば、シティズンシップとは、「節合の原理」であり、「共同体に対する特定の忠誠が多様であることと、個人の自由が尊重されるべきであることをともに視野におさめながら、一人の社会的行為主体の中に同時に存在する相異なる主体位置に影響を与える原理」ということができる。

ところで、ムフは、ラディカル・デモクラシーのプロジェクトを実現するためには、ラディカル・デモクラシーの市民の政治的アイデンティティを創出しなければならないと主張するのであるが、そのためにも、かつての「新しい社会運動」の要求だけでなく、今日の多種多様な運動の民主主義的な諸要求との間で集団的な形の同一化が行われなければならない。すなわち、「民主主義的等価性の原理によって様々な要求を節合すべく、それら諸要求の間に等価性の連鎖を形成」しなければならない、と言う。まさに、「民主主義的等価性」とは、「多種多様な民主主義的闘争のなかに自由と平等の深化、差異への尊重、抑圧、搾取、排除の撤廃といった同種の民主主義的価値の絶えざる追求の論理が共有されている事態を承認し、それらの闘争の間に木目の細かい連携を確立していこうとする試みを意味する概念」［ムフⓒ：四六訳注］なのである。

したがって、ムフの言うヘゲモニーとは、「敵対する諸勢力の存在と、両者を隔てる境界の不安定性」［ムフⓐ］を前提として、複数の主体位置を節合するそのあり方、複数の主体間の主体位置を接合するそのあり方であり、「ヘゲモニーを握る」とは、その「節合のあり方を支配すること」［田中］である。しかし、あらゆる節合が一時的、部分的であるように、ヘゲモニーも「関係の政治的な一タイプ」でしかないし、一時的なものでしかないのである。にもかかわらず、そうしたものとして受け取られない場合、「自然化」が起こり、「唯一の同一化の形式」に還元されてしまうのである。

かくして、審議的デモクラシーは、ムフによって、「道徳的発達の進化論的・段階論的構想に基礎づけられている」ことや、「歪みなきコミュニケーションと、価値要求の最終的な合理的な和解の可能性を要求している」こと、「対立と分裂が消滅してしまうような政治の可能性を思い描いている」ことから、「ラディカル・デモクラシーの普遍的バージョン」でしかないとされ［ムフⓑ：七二］、リベラル・デモクラシーに対するシュミットの批判に十分答えることができていないと批判される。

こうした批判は、「諸規範によって境界づけられ、道徳的に定義された諸目標によって導かれた政治についての見解」を提案するJ・ロールズやR・ドーキンのような自由主義者たちに対して、また、彼らに反対し、「自分自身を一つの共同体への参加者として承認する領域としての政治の観念の再生」を提案しているM・サンデルやA・マッキンタイアなどの共同体論者に対しても向けられる。

ムフによれば、彼らは、「政治に倫理を吹き込もう」とし、「共有された道徳的諸価値に基礎を置く共通善の政治」への回帰を目指し、その前提には「共通善についての単一の実体的な理念を中心に組織化された政治的共同体」を想定しているのである。とりわけ、ロールズにおいては、「道徳的言説と政治的言説とを適切に区分」できず、しかも「道徳的言説に固有の推論の様式」のみを使用するために、「政治的なものの本性を把握することができない」のであり、「抗争、対立、および力の諸関係が消失し、「政治の分野は道徳の諸拘束のもとでの私的利害のあいだの合理的な取引の過程」に貶められ、「正義の問題に合理的解決をみいだし、一つの論争の余地のない『公的に承認された観点――それに照らしてすべての市民がお互いの前で、彼らの政治的社会的諸制度は正義にかなっているか否かを検証することができる観点』を確立することが可能」と信じている、と痛罵される［ムフⓓ］。なぜなら、「すべての対立が根絶されてしまった社会は、真にデモクラチックな社会であるどころか、それとはまったく反対のものとなる」からであり、むしろ「民主的な政治は、分裂と紛争とを不可避のものとして受け入れなければならないし、そして抗争する諸要求や衝突する諸利害の和解は部分的で暫定的なものでしかありえない。一つの明確な終結を確立するいかなる言説の可能性をも前もって排除することこそ現代デモクラシーの特徴」だからである。では、ムフは、こうした問題にどのような回答を与えようとするのであろうか。

ムフによれば、シュミットの「政治的なもの」は、友・敵区分の現実的可能性の文脈において理解されなければならない。往々にして、シュミットの友敵区分の「友」は無視されがちであるけれども、彼の同質性に関するコメントから、この「友」の多くの指標が示されている。しかし、ここでは、友と敵、「われわれ」と「かれら」との問題をシュミットとは異なる方法で検証する必要がある。

シュミットにとって、民主的な政治共同体が存在するのであれば、そこには何らかの絆、「われわれ」を規定する「親密な人間関係」が必要である。にもかかわらず、自由主義は、こうした人間関係の必要性を認めず、社会の凝集性を保障するものとして、単なる手続きへの同意で十分だと考えている。それゆえ、「自由主義は既存の利害の多様性を公的領域に移し、政治的モメントを、政治的表現とは無関係な利益間の交渉過程へ還元してしまう」。ここには、民主的市民の共通のアイデンティティの余地は存在しない。シュミットにとって、「民主的な政治的共同体の中に多元主義は存在しない」。なぜなら、「民主主義は同質的なデモスの存在を必要とする」からである。したがって、民主主義は「多元主義の可能性を排除する」。リベラルな多元主義と民主主義との間には克服できない矛盾が存在する。政治の世界は『複数の世界』であって、『単一の世界』ではない」のである。シュミットにとって、国家を利益団体と同列に扱う自由主義理論は「政治的なもの」を否定するものであり、「国家の統一性を無効にする多元主義の可能性」は認められないのである。

ムフは、シュミットが「政治結社の特性を無視する多元主義の欠陥を強調」したり、また、「人民を政治的に構成する必要がある」という主張を正しいと認めながらも、このことによって、「政治結社の内部の多元主義の可能性を否定することにならない」。確かに、自由主義の理論は、この問題の解決方法を提供していない。しかし、だからといって、それが解決できないということにはならないとして、以下のようなシュミットのジレンマは「虚偽のジレンマ」である、と言う。「人民の統一性が存在する。したがって、これは、デモスの外部――デモスがその統一性を確立しようとするときに必要とする外部――へあらゆる不和や対立を排除しなければならない。さもなければ、デモスの内部の不和の幾つかの形式は正当であるとみなされ、このことによって、政治的統一や人民の存在を無視する多元主義へと必然的に導かれる」。ムフによれば、シュミットをこうしたジレンマに陥れるのは、彼の政治的統一観である。シュミットにとって、国家の統一は、具体的実在でなければならないし、所与のもの、したがって、安定したものでなければならない。したがって、「われわれ」と「かれら」のシュミットの区分は、実際には政治的に構成されない。それは、単にすでに存在するものの境界の認識にすぎない。シュミットの恐れているものは、共通の前提の喪失であり、その結果生ずる政治的統一体の破壊なのである。

このようにシュミットの弱点を指摘した後、ムフは、さらに進んで次のように言う。「私は、民主主義における『同質性』の必要性に関するシュミットの議論を認めながらも、シュミットのジレンマを拒否する。我々が直面する問題、すなわち、シュミットが『同質性』と呼んでいるものを別の方法で創造する方法を『共通性』と呼ぼう。すなわち、『デモス』を構成するほど強く、にもかかわらず、幾つかの形式の多元主義と両立しうる共通性の形式を発見する方法である」。そのためには、シュミットが行っていないことを行う必要がある。すなわち、「我々は、人民の統一性は政治的構成の結果であると認識していたけれども、いまや、政治的節合化を伴う論理的可能性を探求しなければならない。かつて人民のアイデンティティが政治的節合の様式に基づいて考えられたが、真の政治的節合化が必要ならば、経験的差異の認識だけでなく、人民のアイデンティティも異質なものの節合化の政治過程の結果としてみなさなければならない。支配のモメントは、人民の定義やそのアイデンティティの構成についての定義に関する闘争と切り離すことはできない。……そうしたアイデンティティは同一化の多様な形式を通じてのみ存在しうる」。そのためにも、「われわれ」と「かれら」の区別に関するシュミットの洞察を認識しなければならない。なぜなら、国境の確定、「かれら」の定義のないヘゲモニー的節合化は存在しないからである。

確かに、シュミットは、「リベラリズムに開かれた他の選択肢、リベラリズムとデモクラシーとの間の節合化を可能にする選択肢があることを理解できない。彼が考えることのできないことを、彼は不可能と考えた」。にもかかわらず、「シュミットのリベラリズム批判は有効である。それは、リベラリル・デモクラシーの欠点を示しているし、その盲点を明らかにしている。そうした欠点は看過できない。シュミットは学ぶべき敵である。その洞察を彼に向けるならば、それはリベラル・デモクラシーのよりよい理解に役立つ」ばかりでなく、「ラディカルで多元的なデモクラシー」としてのムフのラディカル・デモクラシー構築にとっても有用なのである。

すなわち、ムフのラディカル・デモクラシーは、友／敵の区別が政治にとって中心であるというシュミットの主張に同意する。なぜなら、「戦線も確立されず、破壊されるべき支配の諸様式も定義されないならば、従属の諸関係に抗するいかなる闘争も不可能」であり、「既存の力の諸形態への挑戦を欠いた、いかなるラディカルな政治も不可能」だからである。しかし、その友／敵の基準の使用に関しては、敵の物理的殲滅を意味するのではなく、「社会的な行為者たちとはけっして融合されえない固有の『主体位置』につねに結び付けられている多様な政治空間」のなかで生起する「終わりなく陣地戦」［グラムシ］として理解する。なぜなら社会的行為者とは、「ある人が幾つかの集団において支配的でありながら、他の幾つかの集団においては従属的でありうる」ように、「つねに危うく一時的にすぎない」節合を通じて、「多様な主体位置によって構成されているもの」だからである［ムフⓓ］。

したがって、ムフのラディカル・デモクラシーは、民主主義の最終的実現を不可能とみなす。そして、「平等の原理と自由の原理との間の解きがたい緊張関係が、現代民主主義を構成している不確実性と非決定性とを維持する条件になっている」ことを認めた上で、その緊張関係を解消するのではなく、それを高め、保護しようとする。まさにムフのラディカル・デモクラシーは、「紛争や敵対関係の存在しないユートピアを思い描くのではなく、それらを民主主義の価値と両立するかたちで制度化を目的としている」［向山：一三八］のである。

「アイデンティティと等価性という民主主義の論理と、多元主義と差異という自由主義の論理とのはざまにあって、ラディカルで多元的なデモクラシーの経験は、社会の論理の多様性を承認し、そうした多様性の節合の必要性を承認することの中にだけ存在することができる。しかし我々は、この節合を絶えず創出し、再考していかなければならない。ここにおいては、最終的和解の希望は存在しない。ラディカル・デモクラシーが完全なデモクラシーの根本的な不可能性を意味しているのは、このためなのである」［ムフⓑ］。

こうしたムフのラディカル・デモクラシーに対する批判を見ておこう。ポスト・コロニアニズムの立場から、ラディカル・デモクラシーを「近代主義の一概念」とみなすA・K・ダリワルは、市民権の近代的諸概念、特に、「あらゆる個人は自由で平等に生まれたという考えに立脚する市民権の自由主義的観念の救済」をめざすというムフの主張に対して、それは「西欧中心主義的立場の権威づけに奉仕するもの」であり、ムフの「多元性と差異の概念の限界を浮き彫りにするもの」であると批判する。とりわけ、「ラディカル・デモクラシーは、平等と自由の原理をさらに多くの社会的諸関係へと拡大しようとするものである」というムフの主張の中に「包括（inclusion）への衝動」の存在を指摘し、以下のように激しく批判する。「包括の政治の特権は、その包括が依然として抑圧する、もしくは支配の諸構造を変更できない有様を説明しない。……ラディカル・デモクラシーの包括の政治が、周縁化を保持する包括というものを扱うことができないのは、主要な限界の一つである。……自由主義的な諸言説とそれらによる包括の政治の奨励は、『抑圧的包括』を適切に理論化することなく、『包括』を『公平』や『平等』の徴候として解釈しがちである。この解釈は、どのように『他者（にされた者）』が一つの覇権的な自己というものを実際に作り上げるために包括されうるかという点を見逃している。あえて好んで全ての者を（包括を通じて）一つの『自己』に仕立て上げようとする自由主義的諸言説は、自由主義的『自己』が常に『他者（にされた者）』（排除された者）を必要とし、しばしば反対軸として造られるということを無視している」［トレンド：七三―四］と。

この批判は、まさにムフ自身が、「根源的で多元的な（複数的な）民主主義のための企図は、まずもって等価的・平等的論理の一般化という土台の上での、諸領域の最大限の自律化を求める闘争にほかならない」（[ムフⓐ：二六四]傍点：原著者）として、紛争や敵対関係という「政治的なもの」を前提に、様々な政治主体を「民主主義的等価性の原理」に基づいて節合しようとする試みとして対応していた問題である。そして、「民主主義的等価性の原理」とは、「それぞれの自律的な集団が他者の要求に対応して自らのアイデンティティを変化させる限りにおいて」、すなわち、既存のいずれのものでもない新たなアイデンティティを創造することによってはじめて、「さまざまな闘争を平等主義的に節合＝統一することができる」[向山：一三三] ものであった。

しかし、上述のムフに対する批判は、以下のような問題の指摘としても受け止めるべき批判ではなかろうか。すなわち、「ムフは、『真の民主主義』の不可能性と、闘争的多元主義のありうべき姿とを想起させるにとどまり、ラディカル・デモクラシーのヘゲモニーへの呼びかけを、制度のうちに受肉させることまでしていない」のであり、それゆえ「おのれのヘゲモニーに対する異議申立てを可能にする制度をおのれの手で作り出」[田中：二五二、二五四―二五五] さなければならないのである。

六　おわりに

ラディカル・デモクラシーは、確かに、様々な社会運動をつなぐ「合言葉」として、希望を喪失していた「左翼」の人々に再び活気と希望を与える可能性をもつものであった。しかし、ラディカル・デモクラシーは、「多様な交差する差異」に視点を定めた「未完のプロジェクト」という性格をもつものである以上、ラディカル・デモクラシーには、「単なる哲学的理想」であるとか、「文化的な単なるアカデミックな運動」でしかないという批判は常に付きまとう。ナンシー・フレイザーも、ラディカル・デモクラシーは、二つの点で、すなわち、「アイデンティティの政治が持つ分裂の傾向を修正し、より広範な政治的同盟を促す」点と、「『ポスト社会主義的』な善き社会像を提出し、保守主導のデモクラシー理解に意義を申し立てている」点で魅力的ではあるけれども、いまだにその内容は不明確である、なぜなら、ラディカル・デモクラシーが「実際にどのようにしてアイデンティティと差異からなる文化の政治を正義と平等からなる社会の政治につなぐか」を明示できていないからであると指摘しながら、「文化的な差異は、社会的な平等に裏うちされてはじめて、自由に育まれ、かつ、民主的に取りなすことができる」ということを前提に、ラディカル・デモクラシーの「確かな構想」に向けて、以下の三つの命題を提案している。

すなわち、文化的差異と社会的平等とを再び結びつけるために、「多様な交差する差異」に向かうような「新しい平等／差異の論争」を構築すること、そのためにも、「アイデンティティと差異は相関的に構築されたものである、とする反・本質主義」的理解と、「異なった差異の価値について、差異と不平等の関係を検討することによって規範的な判断を下すことを可能にしてくれるような多文化主義」を前提としなければならないということである。このことによってはじめて、「多様な交差する差異」の間に民主的な調停を創出することができる、というのである〔トレンド：三三三、三四一―二〕。

また、B・フックスは、ラディカル・デモクラシーが「実践的な状況におけるその実現においてどのような具体的な説明も欠いている」という批判に耐えうるための実践として、「最愛の共同体」を創るという諸個人の生活の具体的経験、すなわち、「回心の経験をした人々や、世界との関係の仕方を変えていった人々と実際に知り合う」ことで自己変革を行うこと、そして、その自己変革を行う場としての教育と批判的知識人の存在の重要性を指摘している［トレンド：三八五—八］。

これこそ、「さまざまな集団のアイデンティティを変化させる、新しい共通感覚」の構築という、ムフのラディカル・デモクラシーにつながるものではないだろうか。それゆえ、この文脈において、ラディカル・デモクラシーを「可能性の政治学」として提示するラミスのデモクラシー理解、すなわち、デモクラシーを体制や制度としてではなく「一つの状態」として、また、デモクラシーへの移行を「状態の変化」として捉えるデモクラシー理解について言及することは、けっして不当ではあるまい。彼によれば、水が氷になったり水蒸気になったりするように、要素は同じであっても形状は変わりうる。だとすれば、同じ政治的分子であっても、「状態の変化」によって、これまでとは異なる相互関係が生まれうるし、相手に対する行動も変化しうる。

それでは、「状態変化」すべき「民主状態」とは、いかなる状態であるのか。彼によれば、「民主状態」とは、国民が主権をもち、しかも、その権力を政治的徳によって秩序正しく抑制された方法で行使する状態、すなわち、制度以前のもので、国民自身が立法者の立場に立つ状態であり、この「民主状態」への変化の可能性は、「公的絶望状態」にではなく、「公的希望状態」にある、と言う。どうせ失敗すると思って民衆が公の行動に参加しなければ、その行動は失敗を運命づけられるけれども、民衆が、たとえ間違った理由であれ、公の行動が成功すると信じ、希望を共有して公の行動に参加すれば、「希望はほとんど根拠ない信仰から誰にでも分かるコンセンサスに変容する」のである。一見、ハーバーマスを思わせるラミスのこうしたデモクラシー理解がこの文脈において重要なのは、ラディカル・デモクラシーの課題が、非民主主義的現実に民主主義的理念を対置して、その非存在をあげつらうことではなく、まさに民主主義の深化と拡大を目指すと同時に、民主主義の可能性の理論化でもあるとするならば、ラディカル・デモクラシーへの様々なアプローチを様々に接合する必要があるからにほかならない。

参考文献

千葉眞［一九九六ⓐ］「デモクラシーと政治の概念――ラディカル・デモクラシーにむけて」『思想』。

千葉眞［一九九五ⓑ］『ラディカル・デモクラシーの地平――自由・差異・共通善』新評論。

D・トレンド編［一九九八］『ラディカル・デモクラシアイデンティティ、シティズンシップ、国家』佐藤正志、飯島昇藏、金田耕一他訳、三嶺書房。

C・ダグラス・ラミス［一九九八］『ラディカル・デモクラシー――可能性の政治学』岩波書店。

"More Humility, Fewer Illusions' -A Talk between Adam Michnik and Jurgen Habermas" in : The New York Review of Books. March 24, 1994. p.26.

J・ハーバーマス［一九九二］『遅ればせの革命』三島憲一他共訳、岩波書店。

J・ハーバーマス［一九九六・九］「シティズンシップと国民的アイデンティティ」住野由紀子訳、『思想』。

木部尚志［一九九六・九］「ドイツにおけるラディカル・デモクラシー論の現在」『思想』。

ニコラウス・ゾンバルト［一九九四］『男性同盟と母権制神話――カール・シュミットとドイツの運命』田村和

彦訳、法政大学出版局。

Chantal Mouffe, 'carl Schmitt and the Paradox of Liberal Democracy' chantal Mouffe (ed.),［1999］*The challenge of carl Schmitt* Verso.

シャンタル・ムフ、エルネスト・ラクラウ［一九九二ⓐ］『ポスト・マルクス主義と政治――根源的民主主義のために』山崎カヲル・石澤武訳、大村出版。

シャンタル・ムフ［一九九六・九ⓑ］「民主政治の現在」『思想』。

シャンタル・ムフ［一九九八ⓒ］『政治的なものの再興』千葉眞・土井美徳・田中智彦・山田竜作訳、日本経済評論社。

シャンタル・ムフ［ⓓ］「ラディカル・デモクラシーかリベラル・デモクラシーか」D・トレンド編、前掲訳書。

シャンタル・ムフ［二〇〇一ⓔ］「グローバル化と民主主義的シティズンシップ」石田雅樹訳『思想』。

シャンタル・ムフ編［二〇〇二ⓕ］『脱構築とプラグマティズム――来るべき民主主義』青木隆嘉訳、法政大学出版局。

厚見恵一郎［一九九六］「ラディカル・デモクラシーと討論の可能性――ウオリン、リンゼイ、シュミット」『早稲田社会科学研究』五二号。

向山恭一［二〇〇〇］「ラディカル・デモクラシー――『政治的なもの』の倫理化にむけて」有賀誠・伊藤恭彦・松井暁編『ポスト・リベラリズム―社会的規範理論への招待』ナカニシヤ出版。

田中智彦［二〇〇一］「ラディカル・デモクラシーの政治思想――シャンタル・ムフにおける自由・差異・ヘゲモニー」千葉眞・佐藤正志・飯島昇藏編『政治と倫理のあいだ――二一世紀の規範理論に向けて』昭和堂。

第四章　議会制民主主義における政党の憲法問題

上脇　博之

一　はじめに

(1)「民主主義（民主政）と憲法」について論じるとき、政党の憲法問題を論じるだけでは十分ではない。しかしここでは紙面の都合と筆者の能力の点から、議会制民主主義における政党の憲法問題を論じることを通じて「民主主義と憲法」の問題を論じることにする。

今日の議会制民主主義をその主体に着目して論じるとき、個々の政治家だけをその対象にすることは時代遅れになっている。それどころか、政党について積極的に論じることなしに議会制民主主義を論じることなど不可能であると言っても過言ではない。これは将来においても妥当する認識だろう。そして以上の認識は、政治学においてのみならず憲法学においても基本的には妥当するだろう。

(2) ところが、戦後においても長い間、「政党不在の憲法学」〔丸山健、一九七六：九―一二〕が続いたことの反動だろうか、それとも、政党法制定の策動を意識したものであろうか、政党について積極的に取り上げる論者の中には、憲法第二一条の「結社の自由」が政党にも保障されていることを軽視してしまったかのような主張がとりわけ一九六〇年代以降出現した。この典型は、(旧西)ドイツの影響を受け、政党を統治機構のレベルで議論した上で政党に対する国家の規制や優遇的措置を憲法上正当化する主張である。国民の税金を財源にした政党助成が九四年の「政治改革」によって導入されたのは、この傾向を大なり小なり反映していると言えよう。このような立場は、憲法解釈学において、特に人権保障の点から問題である。

他方、人権保障の点から政党に対する規制や特権付与が問題であるとして政党についての憲法上の検討を「結社の自由」の保障のレベルで終わらせ、統治機構や選挙のレベルでの検討を憲法解釈学から排除する傾向も根強く存在しているようにも思われる。しかし、これは逆に特定の政党、特に大政党や体制内政党に特権を付与し、小政党や反体制的政党に不当な冷遇を加えることになりかねない。現にこれまで公選法などはこの結果を招いており実質的には政党法となっているに等しい。これでは、特に議会制民主主義の点から問題であると言わざるを得ない。

筆者は、結社の自由の保障(憲法第二一条)を骨抜きにする傾向の主張に批判を加えると同時に、議会制民主主義の保障の点から政党等の政治団体が選挙や国会内において活動していることを憲法解釈学においても積極的に取り込む必要があると考えてきた。それについての私見はすでに公表済みであるが[上脇博之、一九九九ⓐ]、ここでは、幾つかの論点に絞って検討し、私見を展開することにする。

二　「政党の憲法上の地位」の問題

(1)　政党をその他の結社から憲法解釈上区別し、政党に対する国家の干渉を憲法上正当化する論理として、「政党の憲法上の地位」論がある。この議論は、当初、国家や国法が政党に対してどのような態度をとってきたのかという「政党に対する国家（国法）の態度」論のそれであったが、特に一九六〇年代以降、政党は憲法上どのような性格を有しているのかという「政党の憲法的性格」論へとその内容は変遷してきた。

ところが、これは、たまたまこの時以降、旧西ドイツの議論を誤解して紹介したことに起因していた。ドイツにおける議論も、同じように、「政党に対する国家の態度」論から「政党の憲法的性格」論へと変遷していたが、しかし、そのきっかけになったのは、旧西ドイツの憲法に相当する基本法が政党条項を、それも「基本権」の個所ではなく統治機構の個所（「連邦およびラント」）に設け、これを通じて政党は憲法上その他の結社とは区別して規定されたことであった。

つまり、基本法の制定によって政党の「憲法編入」が行われたため、前者の議論は一応の決着を見たので議論は後者の議論へと移行したわけである。その結果として、これまでのように政党を私的結社とか社会団体とか理解する立場（社会団体説）以外に、政党をその他の結社から区別する立場、すなわち、「国家機関」と理解する立場、国家と社会との間の媒体と理解する立場、公的地位を認める立場などが出現したのである。これらの立場は、連邦憲法裁判所による政党の禁止などを内容とする「たたかう民主制」を憲法上正当化する文脈で主張されていたもので、極めてドイツ特有の議論であった。

ところが、日本においては、このようなドイツ特有の議論状況を無視してドイツの議論が日本にも妥当する普遍的なものとして紹介され、「政党の憲法上の地位」の解明が「憲法と政党をめぐるいっさいの問題解決への根本的な手がかり」を与えるとの認識の下に、社会団体説以外の立場が日本の憲法解釈学に持ち込まれたのである［手島孝、一九六五：一六五以下、同、一九八五］。その結果として、政党をその他の結社や個人から憲法解釈上区別して議論することを容易にしてしまい、政党に対する規制や特権付与を正当化する法理として主張され始めたのである。

日本では「たたかう民主制」に対して否定的な立場が通説であり、筆者もそれが妥当であると解している。したがって、結社の自由の保障の点から言えば、「政党の憲法的性格」論の問題で社会団体説以外の立場を主張することは、日本国憲法の解釈としては許されないのである。

(2) もっとも、同じく社会団体説の立場にある論者においても、「政党に対する国家の態度」論においては、政党の憲法編入の段階にあるのではなく憲法が政党を承認・法制化している段階であると主張するのが一般的である。しかし、確かに憲法編入の段階にないことは確かであるものの、本当に政党の承認・法制化の段階にあると解して良いかは慎重な検討を要する。

というのは、政党を憲法が承認しているといった場合には、憲法が政党を編入しているといった場合と同じではないとしても政党をその他の結社と憲法解釈上区別して解釈する可能性を生み出しかねないからである。また、憲法が政党を法制化している段階であるといった場合には、その法制化が憲法適合的であると解してしまうおそれがあるからである。

したがって、「政党に対する国家の態度」論においては、結社の自由の保障の点で、政党をその他の結社と区別して規制したり特権を付与したりさせないためにも、あくまでも政党の無視の段階にあると解するか、もしくは、個人の承認と同じように「政党を含めた政治結社の承認の段階」であると解すべきではなかろうか。なお、通説のように政党の承認の段階であると解する場合でも、政党に対する規制や特権付与は導かれるべきではないことを付記しておきたい〔上脇博之、一九九九ⓐ：四三―八四、四一〇―四一六、四二九―四三五〕。

三　政治資金規正法の憲法上の正当化問題と政党の法的取扱いの問題

(1)　このような私見に対しては、政治資金規正法の立場から批判が予想される。例えば、政治資金規正法を憲法上正当化する論者は、通説の政党の承認・法制化の段階にあるとの立場に立ったうえで、政党に公的性格を認めることを通じて同法を憲法違反ではない、むしろ憲法上正当化することができる、と解する傾向があるからである。したがって、私見に対しては政治資金規正法は憲法違反になるのかとの疑問が提起されるかもしれない。このような解釈や疑問は、「たたかう民主制」に否定的な論者によってても主張され、したがって、「たたかう民主制」の憲法上の是認という論法から離れて「政党の憲法的性格」につき普遍的に単に社会団体と解さず、特別の地位を認める論者から主張されているのである〔小林直樹、一九九一：三〇四―三三二〕。

しかし、そもそも政党は、国民の意思を国家に反映させる公的機能を果たしている一面があるが、あくまでも社会の中で誕生し社会の中で存続するものである。つまり、社会に根差した存在であることが政党の本来的性格なのである〔森英樹、一九九〇：一七三〕。したがって、「政党の憲法的性格」論の問題で社会団体説以外の立場を主張することは、政党のこの本質を軽視するものであり、結社の自由の保障の点で日本国憲法の解釈としては間違いなのである。

また、政治資金規正法を憲法上正当化するために社会団体説以外の立場に立たなければならない必然性はどこにもないし、むしろ、それは逆に問題である。というのは、政治資金規正法は、確かに現代の選挙や政治において政党が果たしている重要な機能や役割に着目したうえで政治腐敗が政党をぬきに語れないことを前提に制定されたと解してよいだろうが、しかし、政治腐敗は政党以外の政治団体や個人と無縁ではないし政党とそれらとの相互関係の中で監視を行う必要があるからこそ同法は、政党だけではなく政党以外の政治団体や個人（公職の候補者）に対しても財政上の収支報告を要請しているからである。むしろ政党が憲法上特別の地位を有するから同法が憲法上許容されるという論法では、逆に、その他の結社などに収支報告をさせていることが憲法違反と結論づけられかねないのである。

したがって、政治資金規正法を憲法上正当化するために、あえて社会団体説以外の立場を持ち出す論理的必然性はどこにもない。政治資金は政治的公共圏において公開されるべきであるから、国民主権についての人民（プープル）主権説の立場から国民の「知る権利」（憲法第二一条）を根拠にすればそれで十分なのである。

(2)　これに関連して、政党や政治団体などの法的概念・取扱いの問題を検討する必要がある。例えば、政治資金規正法は政治団体のうち「政党」を、① 国会議員を五人以上有するもの、② 国政選挙で有効投票の総数の一〇〇分の二以上であるもの、のいずれかの要件を充足するものと定義している（第三条第二項）。この定義は、政党助成法の場合の「政党」の定義と全く同じではないものの、ほぼ合致する（第二条）。しかし、このような定義は政治学における定義に合致しない上に、極めて恣意的なものであると解される。議員数や得票率を「政党」の定義に持ち込むこと自体問題であるが、後述するように実際挙がっている数値は小政党には極めて不利なものであり、大・中政党の傲慢さの現れだろう。この点にも政党法としての機能が見て取れる。

このような定義はさらに公選法における衆・参の比例代表選挙の立候補要件にも、大いに連動している。同法は衆議院のそれにつき前述の「政党」定義における二つの要件のほか、名簿登載者数が選挙区の定数の一〇分の二以上であること（第八六条の二第一項）、参議院のそれにつき同様に選挙区・比例区全体で候補者を一〇人以上有すること（第八六条の三第一項）、をそれぞれ挙げている。このことに加えて同法は立候補者一人につき六〇〇万円（重複立候補者は三〇〇万円）の供託金を要求している（第九二条）。

これでは、実質的には財政力の乏しい小政党は選挙の立候補から排除されているに等しい。大政党にあっては後述する政党助成によって供託金が事実上工面できることを考慮すれば、政党助成を交付されない小政党に対する不当な差別的冷遇があることは明々白々だろう。したがって、以上のように国政選挙における立候補を制限することは、参政権を保障している憲法第一五条、差別的取扱いを禁止している憲法第一四条・第四四条に、それぞれ違反していると断ぜざるを得ない［上脇博之、一九九九ⓐ：四四九―四五二、四一九―四二一］。

四　選挙制度と「政権の憲法上の地位」

(1) 以上のような主張に対しては、統治機構や選挙のレベルにおける政党・政治団体の横暴を憲法は根本的に防止できないのではないかと反論する者があるかもしれない。しかしそれは誤解である。確かにこれまでの通説は、例えば、選挙制度の問題について、議員定数の不均衡の問題を別にすれば、それを立法裁量の問題と理解し、それ以上の議論を解釈論として行わない傾向にあった。これに対して筆者はそれは逆に公選法が特定の大政党の過剰代表を許してしまい、小政党の過少代表を招き、これまでの公選法は実質的には政党法となっているとして批判を加えてきたのである。

これまで通説は、国会議員選出のための選挙について定める法律を「実質的な意味での憲法」であると説明しながら、他方、日本国憲法は一定の選挙制度を明文で規定していないので選挙制度は原則として立法論・政策論の問題であると解する（したがって解釈論から排除する）傾向が強かった。しかしこれは明らかな矛盾である。選挙についての法律が「実質的な意味での憲法」に相当するのであれば、可能な限り、政党を含め選挙に立候補する政治団体を視野に入れて当該選挙について日本国憲法が要請する基準を解釈論のレベルで導き出す必要があるからである。

(2)　その憲法基準の第一は、これまで通説で主張されてきた「投票価値の平等」という基準である。日本国憲法はその第一四条、第四四条で議員定数の不均衡を許容していないと解される。この場合、当然、不均衡が生じないように一対一に近づけることが要請されるのであって、たとえ技術的な問題から不均衡が生じることを許容するとしても二倍を超える場合にはかかる不均衡はどのようなことがあっても憲法上許容されない、と解釈すべきである。

いわゆる中選挙区制の下での当該不均衡によってこれまで極めて有利となり、特に一九六九年の総選挙以降得票率が五〇%を割っていながら議席占有率では五〇%を超えて政権の地位に居座り続けられたのは、言うまでもなく定数不均衡の是正に抵抗してきた政権政党（自民党）であった［小松浩、一九九九：一五―二〇］。したがって、議員定数不均衡の放置は党利党略の阻止の点からも憲法上許容されないことなのである。

議員定数不均衡を憲法上判断する際に重要なことは、①投票前においては、一人一票の原則の点から、選挙権を有しない者を含めた「人口数」が基準になるのではなく、選挙権を有する者の数である「有権者数」が基準にされるべきである、ということである［最高裁判所大法廷判決、一九七六］。そしてもっと重要なことは、②「投票価値の平等」は投票前だけではなく投票時・投票後にも保障されていなければならない、ということである。例えば、選挙前に全く平等な選挙区があったとしても、一方が投票率九〇%で他方が四五%であれば格差は二倍になってしまうからである。そうなると、投票が強制されない自由選挙の原則の下では一般に投票率は各選挙区で全く同じになることはないから、基準になるのは「有権者数」ではなく、実際に投票した者の数である「投票者数」でなければならない、ということになる。ここでは、いわゆる「結果価値の平等」ではなく、あくまでも「投票価値の平等」が問われているのである。そうすると、選挙区を設ける場合でも事前に定数を定めるという、これまでの方法は、選挙時・選挙後の「投票価値の平等」まで保障するものではないから、憲法上許容され得ないということになる。小選挙区制の場合には尚更許されないだろう。

このように考えていくと、全国一区の選挙区（例えば、かつての参議院全国区）にするか、あるいは、複数の選挙区あるいはブロック制を採用する場合であってもその定数はドイツのように投票後に決定されるものでなければならないことになる。後者の「定数自動決定式比例代表制」は政治学者によっても提唱されている制度である［小林良彰、一九九一：一七〇―一二二］。

第二の基準は、議会の構成に民意をできるだけ正確に反映すべきであるという「社会学的代表」の考え方である。これは憲法第四三条から帰結される。同条項はこれまでの多数説によると自由委任の規定と解されてきた。しかし、同条項は、一部の国民のために政治・行政の公平・平等を害するような不当な言動を議員に禁止してはいても、民意を全く無視して行動することを認めるような自由委任の規定と解する必然性はどこにもない。人民主権説の立場からすれば尚更のことである。この社会学的代表の考えは、日本全国のレベルにおいて民意ができるだけ正確に国会に反映されることを要請しているにとどまらず、選挙区を複数設ける場合には各選挙区における民意のできるだけ正確な反映をも要請していると解すべきである［渡辺良二、一九八八：一六九―一二三］。このように解すると、小選挙区制は、全国の民意が完全に二分している場合には前者の要請に応える場合がありうるとしても、後者の要請には応えるものではないので、憲法上許容されないことになるだろう。

社会学的代表の考えは、いわゆる議会制民主主義論からも導き出される。制限選挙の下では国民のうち一握りの者しか選挙権を有していなかったら、国民全体の意思を議会に正確に反映することなど不可能で、憲法上からも要請されるはずはなかった。これに対して、普通選挙の下では圧倒的多数の国民が選挙権を有しているのであるから、一部の国民の意思しか議会に反映されないようであれば普通選挙を採用する意味はなくなってしまう。となると、民意をできるだけ正確に議会に反映させることが普通選挙の下では憲法上要請されることになる。こうして、議会主義は、民主主義と結合して議会制民主主義が誕生することになる。

第三の基準は、いわゆる現代的権力分立制の視点から与党等の政権勢力の過剰代表を許さず、野党等の非政権勢力の過少代表を招かない、ということである。近代の権力分立制は、立法府である国会と行政府である内閣とを組織的にも分離・分立させることである。この分離・分立は現代でも必要である。そもそも権力分立制は、権力の濫用阻止や自由・民主主義を保障するために存在するのだが、しかし現代においては近代の権力分立制だけでは十分に機能しない。議院内閣制の下では一般に議会内多数派によって内閣が構成されるからである。議会内多数派を形成すれば国会と内閣の二権を事実上掌握するのが一般となる。そこで、「議会」対「内閣」という伝統的な権力分立制の視点に加えて、「議会内多数派＝内閣」対「議会内少数派」という現代的権力分立制の視点が不可欠になる。その意味では、議会内多数派によって占められる「政権の憲法上の地位」が公的なものであることをしっかりと認識する必要がある。

　またその場合、「議会内多数派＝内閣」対「議会内少数派」という対立図式だけが重要なのではない。それだけではなく、議会内多数派の過剰代表を許さず、反体制的政党を含む議会内少数派の過少代表を招かないような選挙制度を事前に用意しておかなければ、現代的権力分立制は実質的には意味がなくなってしまう。その点では、ある勢力がそう簡単に国会と内閣との二権を掌握することがないように、より具体的に言えば、単独政権であれ連立政権であれ、全国の得票率で五〇％を超えない勢力に五〇％以上の議席占有率を与えないようにする必要があるうえに、反体制的な政党や無所属が公平に議席を確保できるようにしなければならないだろう。民意が多様化している政治状況の下で保守同士の二大政党制が人工的につくられたとすれば、そこでの政治は、現代的権力分立制にとっては単なる茶番劇に終わるだけだろう。

五　衆議院議員の選挙制度の違憲性

(1)　選挙制度の内容については、以上の基準をすべて充足するようなものを検討する必要がある。特に衆議院議員の選挙制度については、一九九四年の「政治改革」によって、これまでの中選挙区制から小選挙区中心の選挙制度（比例代表付加型小選挙区制）へと「改革」されたが、このような選挙制度は、前記の憲法基準をすべて充足するものではなく憲法上問題があり、許容されないと解される。このことは、一九九六年の選挙結果からも明らかであったが、二〇〇〇年の選挙結果で十分証明された。

一九九六年の総選挙で、例えば自民党は二三九名の当選者を出している。しかし、小選挙区での得票を全国集計すると三八・六％しかないのに議席占有率ではなんと五六・三％も占めていることになる。もし完全な比例代表選挙が採用されていれば、自民一六四名しか当選者を出せないことになる（比例代表選挙の得票率を全国集計して試算）。つまり、自民党は当時でさえ今の選挙制度のお陰で七五名も得をしているわけである。

このような問題点は二〇〇〇年の総選挙の場合にも基本的には現れている。例えば、自民党は二三三名の当選者を出しているが、小選挙区での得票数を全国集計しても四一％の得票率しかないのに議席占有率では五九％を獲得している。自民党（二三三）・公明党（三一）・保守党（七）の与党三党は二七一議席で絶対安定多数（二六九）を確保したが、もし比例代表制で選挙が行われていたとすれば合計で二〇〇議席（一三六＋六二＋二）しか獲得してはおらず（比例代表選挙の得票率を全国集計して試算）、過半数を割っており、少なくとも衆議院レベルでは政権交代の結果が出ていたことになる。

現行の選挙制度は、選挙前のみならず選挙時・後の投票価値の平等を保障するものでないだけではない。各選挙区で多大な死票を、全国的には小政党に過少代表を、大政党に過剰代表を生み出しており、したがって、社会学的代表という憲法上の要請や現代的権力分立制の前提的要請に応えるものではない。その上「政治改革」の謳い文句に反し政権交代を妨げているので、民主的なものとは到底言い難いのである（以上については表を参照）。

(2)　したがって、小選挙区を中心とした現行制度は、民意が多様化している日本の政治状況には極めて不向きな制度であり、一九九六年総選挙や二〇〇〇年総選挙に適用した限りにおいて違憲であると解

表 4-1　1996 年と 2000 年の総選挙結果と民主的議席配分の試算

（単位：率%）

政　党			1996 年	比例試算	2000 年	比例試算
自民党	小選挙	得票率	38.60		41.00	
		議席占有率	56.30		59.00	
		当選者数	169		177	
	比例代表	得票率	32.80	32.80	28.30	28.30
		議席占有率	35		31.11	
		当選者数	70		56	
	合計	議席占有率	47.80	32.80	48.54	28.33
		当選者数	239	164	233	136
公明党	小選挙	得票率			2.00	
		議席占有率			1.33	
		当選者数			7	
	比例代表	得票率			13.00	13
		議席占有率			13.33	
		当選者数			24	
	合計	議席占有率			6.46	12.91
		当選者数			31	62
保守党	小選挙	得票率			2.00	
		議席占有率			2.33	
		当選者数			7	
	比例代表	得票率			0.40	0.40
		議席占有率			0	
		当選者数			0	
	合計	議席占有率			1.49	0.42
		当選者数			7	2
改革クラブ	小選挙	得票率			0.30	
		議席占有率			0.00	
		当選者数			0	

	比例代表	得票率 議席占有率 当選者数				
	合計	議席占有率 当選者数			0.00 0	
民主党	小選挙	得票率 議席占有率 当選者数	10.60 5.70 17		27.60 26.67 80	
	比例代表	得票率 議席占有率 当選者数	16.10 17.50 35	16.10	25.20 26.11 47	25.20
	合計	議席占有率 当選者数	10.40 52	16.20 81	26.46 127	25.20 121
自由党	小選挙	得票率 議席占有率 当選者数			3.40 1.33 4	
	比例代表	得票率 議席占有率 当選者数			11.00 10.00 18	11
	合計	議席占有率 当選者数			4.58 22	11.04 53
共産党	小選挙	得票率 議席占有率 当選者数	12.60 0.70 2		12.10 0 0	
	比例代表	得票率 議席占有率 当選者数	13.10 12 24	13.10	11.20 11.11 20	11.20
	合計	議席占有率 当選者数	8.67 26	13.20 66	4.17 20	11.25 54
社民党	小選挙	得票率 議席占有率 当選者数	2.20 1.30 4		3.80 1.33 4	

	比例代表	得票率	6.40	6.40	9.40	9.40
		議席占有率	5.50		8.33	
		当選者数	11		15	
	合計	議席占有率	3	6.40	3.96	9.38
		当選者数	15	32	19	45
新進党	小選挙	得票率	28.00			
		議席占有率	32.00			
		当選者数	96			
	比例代表	得票率	28.00	28.00		
		議席占有率	30.00			
		当選者数	60			
	合計	議席占有率	31.20	28.00		
		当選者数	156	140		
その他	小選挙	得票率	8.10		7.80	
		議席占有率	4.00		7.00	
		当選者数	12		21	
	比例代表	得票率	3.50	3.50	1.50	1.50
		議席占有率	0		0	
		当選者数	0		0	
	合計	議席占有率	2.40		4.37	1.49
		当選者数	12	18	21	7
	総計	議員数	500	501	480	480

注　小選挙も比例代表も全国集計したもの．1996 年総選挙では小選挙区の定数が 300，比例代表の定数が 200 であったが，2000 年の総選挙では比例定数が 20 削減されている．比例試算とは，比例代表選挙のブロックごとの得票率を全国集計して各党に議席を配分した試算のこと．

される。この点は、すでに一九九六年総選挙の結果から適用違憲との有力な見解があり［小林武、一九九七：二］、筆者はこれが妥当であると主張したうえで今後は違憲の推定を受けるので現行制度そのものが違憲と解することができる（制度違憲）と主張してきた［上脇博之、一九九九ⓐ：四三五―四四九］。二〇〇〇年総選挙の結果は私見を実証したと言えよう。

要するに現行制度はいったん適用違憲が言えたのであるから、この制度そのものも憲法違反であると帰結することができるのである。また、現行制度は大政党に過度に有利になっているのであるから、前述の憲法基準を充足するものへと、すなわち、一般論として言えばとりあえず比例代表制へと改革することが立法府である国会の法的義務である、と解される。その場合、被選挙権を保障するために無所属の者にも立候補が認められなければならない。

六　議員の所属政党変更の問題

⑴　以上のような私見からすれば、民意の正確な議会反映という社会学的代表を損なう、議員の所属政党の変更も、憲法解釈上問題視されることになる。

これまで通説は憲法第四三条を自由委任（命令委任の禁止）の規定と解釈し、議員の離党・除名・所属政党の変更が行われても、これを法的に禁止することは許されず、禁止するような法律は憲法違反であると立場にあった［佐藤功、一九八三：六四］。実務もこれに従い、公選法も長い間かかる変更などを放任してきた。

これに対しては、比例代表制を採用する以上、議員の党籍変更の場合だけではなく離党や除名の場合も含めて禁止すべきであるとか、禁止することは法的には許されると主張する有力な見解も幾つかあった。

しかし、筆者は、このいずれの立場も問題であると解してきた。というのは、憲法第四三条は自由委任の規定と解さなければならない必然性はないし。むしろ、党籍変更は社会学的代表の要請に反すると解されるからである。「有権者の意思から客観的に離脱している」と判断できる場合には、それを憲法が許さないと解すべきだろう。

しかし他方、単なる議員の離党や除名の場合まで当該議員の身分を剥奪することは、一見すると、民意から当該議員が離脱しているように思えるが、常にそうであると言えるかは、疑問である。というのは、政党の方が勝手に綱領に反する立場に豹変したり、選挙公約を反故にするような行動をとる場合もあり、それに愛想を尽かして自ら離党したり、選挙時の綱領や公約を守る続けて政党から除名される議員もいるからである。となると、離党や除名があった場合、綱領や公約を遵守しているのは、議員か政党かのいずれなのかを「客観的に判断すること」は法的には不可能だろう。この判断については、次の選挙で有権者に任せるしかないだろう。

したがって、法律で議員としての身分を喪失させるべきであるし、またそうすることが法的に許されるのは、選挙のときに出馬していた別の政党に所属を議員が変更した場合だけだろう。この場合には、法的にも「客観的に民意から離れている」といえるし、変更するくらいなら当時の選挙の時点でその政党から出馬すればいい、と批判できるからである。これは無所属で出馬し当選した議員にもいえるし、ある政党が別の政党に吸収される場合にも妥当する。しかし、無所属の議員になることや、選挙後に全く新しい政党を結成することまで禁止することは憲法上許されないだろう。

(2)　これについては、二〇〇〇年に、公選法が改正され、比例代表選挙で選出された議員が所属政党を変更すれば議員の身分は喪失されることになった。その限りで、筆者の立場が採用されているようにも解される。しかし筆者はこれで十分とは解していない。事実上各政党から一人しか立候補しない小選挙区選挙にも前記のことは妥当すると解釈しているが、そこまで公選法は改正されてはいないからである（ただし小選挙区制の合憲性の問題については前述を参照）。参議院議員の選挙区選挙においても各政党が一名しか擁立していないところでは、同じ結論が妥当するだろう（政党が複数擁立している場合に党籍変更を禁止することは憲法が要請してはいないものの憲法が許容するものだろう）。

また、筆者は、当選した議員だけではなく、まだ当選していない比例代表名簿登載者についても同じように解釈しており、当該登載者が離党したり除名されるにとどまる限り当該名簿から排除されてはならないが、他党に移籍した場合には名簿から排除されなければならない、と解釈している。除名の問題は政党の自律権の問題であり、繰上げ当選の問題は人民代表の問題であり、両者は論理的には切り離して考えるべきであると解するからである［上脇博之、一九九七：一―七二］。しかし、これについては一般に両者は結び付けて解釈されており、高裁は選挙後の政党の除名を公的なものと解し当該除名についての司法審査を認め、他方、最高裁は除名を政党の自律権を重視する判断を下しており［最高裁判決、一九九五］、法改正も行われていない。

七　政党助成の違憲性の問題

(1)　最後に取り上げるのは、政党助成の憲法問題である。政党助成とは国民の税金を財源にして特定の「政党」に対して国家が財政資金を助成するものである。ドイツをはじめとしたヨーロッパで導入されてきたが、日本では一九九四年の「政治改革」によって政党助成法が制定され初めて導入された。政党助成については、それ自体の憲法問題と、現行政党助成法の具体的内容の憲法問題がある。

まず前者の問題から検討すると、そもそも政党助成とは国家による政党への干渉であるという認識が重要である。すでに述べたドイツの「政党の憲法上の地位」論において政党助成を憲法上肯定する論者は社会団体説以外の立場にあり、社会団体説においては学説上も判例上も肯定されてはおらず、むしろ社会団体説以外の立場にあっても肯定しない論者がある。このことから判断すると、政党助成が政党に対する国家の介入であることが容易に推論される。

より具体的に言えば、政党助成は、①無数の結社のうち政党だけに、それも特定の「政党」を国家が「公認」し、かかる「政党」だけに国家が資金援助するものであり、この点で「政党」に特権を付与するものである。と同時に、②政党は国民の中に根差して財政調達に勤しむ必要性もなくなるため、その結果として国家と国民との間で媒介的機能を営むという政党本来の機能を蝕むことになり、この点で政党助成は一種の「麻薬」のような存在であり、その意味で政党に規制を加えるものである〔上脇博

之、一九九九ⓐ：四三―八四、四六一―四六四］。

したがって、政党助成は結社の自由の保障（憲法第二一条）、より具体的には財政的自律権（収入の自由）に反することになる。

また、政党助成を行う場合には、一般に受給要件を限定したうえですべての政党に全く同額の交付を行うのではなく大政党ほど助成額が多くなる傾向にある。これらは平等原則（憲法第一四条）に反するだろう。この点は、次の、法律の具体的内容の検討からも明らかである。ということは、憲法に違反しないような政党助成がそもそも存在しうるのか疑問となるのである。

(2)　第二の検討課題は現行政党助成法の具体的内容の点における合憲性の問題である。同法は、前述の受給資格（「政党」の定義）に選挙結果を採用している点でも、配分基準に各「政党」の国政選挙の結果（議員数と得票率）を採用している点でも、憲法の平等原則に反しているといえるだろう。同法における受給資格では議会内政党であっても受給資格がないし、無所属の議員はそもそも原理的に排除されているからである。政党助成は「民主主義のコスト」を賄うものとして説明されたが、民主的選挙で選ばれたにもかかわらず「民主主義のコスト」を受給できないというのは明らかに矛盾してもいる。

また、国政選挙における選挙結果によって各「政党」の助成額が決定される仕組みになっていることは、言い換えれば国政選挙における投票が自動的に政党助成の投票と見なされていることを意味する。これでは、国政選挙だけの投票を行い、政党助成の投票を行わないこと、逆に政党助成の投票だけを行い国政選挙の投票を行わないこと、そして国政選挙の投票先とは別の「政党」に投票することを認めていないのである。これは選挙権の保障（憲法第一五条）に反するし、「政治的自己決定権」（憲法第一三条）の保障にも反すると言えよう。そのうえ、定住外国人については、帰化して日本国籍を取得しない限り彼ら・彼女らを参政権から排除し、日本での参政権行使の選択が保障されていないが、選挙におけるこのような「政治的自己決定権」侵害によって自動的に政党助成における「政治的自己決定権」も侵害されていないのである［上脇博之、一九九九ⓑ：九七―一〇六］。

八　おわりに

以上、議会制民主主義における政党に関する憲法問題を検討した。これまで学説のなかには、政党に憲法上「特別の地位」を付与することによって結社の自由を侵害する論理を提供するものがあった一方、多数説は政党が活動する選挙等の領域で政党などの政治団体の存在を憲法上軽視することで逆に特定の政党を法的に優遇する結果を招いてきた。このことを法制度に結び付けて言えば、これまでのものは、政党助成法のように、政党について規定することによって結社の自由を侵害する「政党法」となっているものがある一方、公選法のように、選挙制度につき政党・政治団体を十分意識した規定になっていないため逆に特定の政党を優遇し他の政党を冷遇する「政党法」となっていた。

いずれも各背景に大政党の党利党略の思惑が見てとれる。これでは近代・現代立憲主義における人権保障と権力の制限といういずれの要請にも十分応えることはできないだろう。それゆえ、議会制民主主義における政党に関する憲法問題は、極めて取り扱いが難しい問題となっていることをしっかりと認識したうえで、慎重だが大胆な解釈と立法措置が求められていると言えよう。

引用参考文献

丸山健［一九七六］『政党議論』学陽書房。

上脇博之［一九九七］「『国民代表論と政党国家論』序説」『北九州大学開学五十周年記念論文集』

――［一九九九ⓐ］『政党国家論と憲法学』信山社。

――［一九九九ⓑ］『政党助成法の憲法問題』日本評論社。

手島孝［一九六五］「現代憲法政党」芦部信喜論『現代法3』岩波書店。

――［一九八五］『憲法学の開拓線』三省堂。

小林直樹［一九九一］『憲法政策論』日本評論社。

小松浩［一九九九］「インタビュー・最高裁が支えた自民党・衆議院の過半数」『法と民主主義』三四三号。

最高裁判所大法廷判決［一九七六、四、一四］『最高裁判所民事判例集』三〇巻三号、二二三ページ。

最高裁判決［一九九五、一二・一五］『最高裁判所民事判例集』四九巻、一一一七ページ以下。

小林良彰［一九九一］『現代日本の選挙』東京大学出版会。

渡辺良二［一九八八］『近代憲法における主権と代表』法律文化社。

小林武［一九九七］「新選挙制度の映し出したもの」『法律時報』六九巻一号。

佐藤功［一九八三］『続憲法問題を考える』日本評論社。

森英樹［一九九〇］『憲法検証』花伝社。

第五章　「アジア的価値」と民主主義、ジェンダー

田村　慶子

一　はじめに

一九九一年一月、シンガポール政府は、①個人よりも社会、社会よりも国家を優先、②社会の基本的単位は家族、③社会は個人を尊重し、支援する、④争いよりも合意、⑤人種間調和および宗教的調和、という五つからなる「国民共有価値」を発表した。大統領はこれを「シンガポール人であることのエッセンス」と述べて、国民すべてが共有すべき新たな国民統合の価値であるとしている［*The Straits Times*, January 16, 1991］。

ほぼ同時期の九二年二月、マレーシア政府は二〇二〇年までにマレーシアを先進国のレベルに高めるための「Wawasan 2020」（二〇二〇年構想）を発表した。この構想が目指したものは、①統一されたマレーシア国民をつくり、②心理的に解放され、安定し、発達した社会をつくり、③成熟し、合意を基

礎とし、コミュニティに根ざす民主主義を発達させ、④道徳的・倫理的社会をつくり、⑤多様な人種からなるマレーシアの人々がそれぞれの生活習慣・宗教・文化を守りながら、一つの国民として帰属意識を持ち、⑥科学的・進歩的な社会をつくり、⑦強力な家族制度を軸とする思いやりのある社会と文化をつくり、⑧経済的に公正な社会をつくり、⑨競争的でダイナミックで強靭な経済をつくる、ことであった［Ahmad Sarji, 1993 : 1-8］。

ここで注目すべきことは、シンガポールとマレーシア両国ともにこれらの価値や指針を欧米的価値と対比させて「アジア的価値」と呼び、「アジア的価値」に基づいた社会の有り様や発展を目指すとしていることである。つまり、アジア諸国の発展の原動力には、アジア社会の中に共通した文明的価値が存在しており、それが欧米諸国とは異なった発展の様相ならびに社会のあり方を規定するという考え方である。

シンガポールとマレーシアの政府首脳とくにシンガポールのリー・クアンユー前首相（一九五九年から九〇年まで首相、現在は上級相）は、政治や社会のあり方をめぐる欧米の概念とアジア的概念の違いを、アジア的家族主義的国家観と欧米的な個人主義的国家観の対比において強調する「シンガポール学派」の代表としても知られている。例えば、リーは「西洋と東洋の大きな差は家族に対する考え方である。東洋の家族においては息子や娘は家族の名誉のために学び、よい行いをしたいと思う。西洋の家族は、親は子の行いに無関心で、子は親の名誉のためになろうなどとは思いもしない」［*The Straits Times Weekly Edition*, March 5, 1994］と述べて、西洋没落の原因を家族の絆の弱さとその崩壊にあるとした。

また、マレーシアのマハティール首相（八一年から現在まで首相、二〇〇三年一〇月に引退を予定）

の場合には、外交面での欧米への挑戦として東アジア経済協議体（九〇年の提案時は東アジア経済グループピング）の推進でも注目されている。東アジア経済協議体とは、当時のＡＳＥＡＮ加盟国（インドネシア、マレーシア、シンガポール、タイ、フィリピン、ブルネイ）と中国、韓国、日本、台湾、香港を中心として、欧米諸国が主導する経済システムに対して成長するアジア諸国が協力して立ち向かう場をつくろうというものであり、国民の反欧米ナショナリズムの鼓舞という側面も持つが、アメリカの強い反対によって今日まで実現されてはいない。

もっとも、ここでシンガポールやマレーシア政府のいう「アジア的価値」を具体的に検証することに深い意味が存在するのかどうかは疑問である。周知の如く、アジアとは宗教も文化も歴史もエスニシティもまったく異なる多様な国々や地域を含み、欧米諸国もしくは同じアジアの一国である日本による植民地支配という過酷な経験以外には、それほど共有するものはない。さらにまた、「シンガポール学派」が基本的な「アジア的価値」としているもの――家族の絆の強さや合意による物事の決定、社会的調和の重視、勤勉さ、教育の重視など――は、欧米を含めて世界中のあらゆる地域に時代の差はあれ見出されるものだからである。

ではなぜ九〇年代になって、アジア諸国とりわけシンガポールとマレーシア政府は「アジア的価値」を主張するのか、そしてそれはどのような意義をもっているのか。本稿はそれらを明らかにすると同時に、「アジア的価値」が内包する問題点をとくにジェンダーの視点から考察する試みである。

二　「アジア的価値」創出の背景

(1)　「アジア人のプライド」回復

アジア諸国が「アジア的価値」を主張するようになった直接の原因は、一九八〇年代後半から顕著になった欧米諸国のアジアに対する「人権・民主主義」圧力であろう。七〇年代後半から八〇年代に急激な経済成長を遂げたアジア諸国の多くは、開発政治体制とよばれる独裁的な体制の下で、市民的自由よりも開発や経済的成功を優先させてきた。東西冷戦のさなか「共産主義者よりは独裁者の方がまし」という発想によって、欧米諸国は多くの発展途上国の抑圧的な体制を長い間容認してきたのである。しかし、ソ連の影響力の低下が明らかになった八〇年代後半になると「人権は国境を越える」という考え方が定着し、開発政治体制に対する欧米諸国の眼が厳しくなった。すなわち、政治・経済協力の相手国に対して、人権の尊重や民主主義の達成度を条件とするという「人権外交」が行われるようになり、これに経済発展によって自信をつけたアジア諸国が反発し始めたのである。

その頂点というべきものが九三年にウィーンで国連が主催した世界人権会議であろう。人権の普遍性をよりどころとする欧米諸国の批判や干渉に対して、アジア諸国政府はタイで地域的準備会議を開いてバンコク宣言を採択した。それは「人権の保障は国家の義務である、発展の権利は普遍的権利で発展の中心は個人である」などを謳ったウィーン宣言に対する反論と反発であり、「人権は普遍的だが、国家や地域の特殊性や様々な歴史・文化・宗教的背景の差違に留意すべきである。すべての国は発展を追求する権利を有する」などからなっていた。この地域的準備会議の主役であり、欧米諸国の人権外交を激しく批判したのは、中国やインドネシア、シンガポール、マレーシアであった。これらは、世界人権会議アメリカ代表が「人権最悪派」（中国、インドネシア、シンガポール、他にはパキスタンなど）もしくは「（最悪国よりましだが）どうしようもないグループ」（マレーシア、他にはミャンマーとインド）と酷評した国々でもあった〔*Far Eastern Economic Review*, June 17, 1993〕。

シンガポールの「国民共有価値」、マレーシアの「Wawasan 2020」は、世界人権会議での批判に対する両国の回答という側面もあるだろう。

もっとも、直接の原因はこのような「人権・民主主義圧力」であったとしても、「アジア的価値」主張の背景は欧米への反発というネガティブな側面だけではない。それは、「遅れたアジア、貧しいアジア」から脱して経済発展を達成したアジア諸国の自信の表れであり、かつ、普遍的価値を主張できるのは欧米だけではないという積極的な姿勢の表れなのである。すでに述べたように、「アジア的価値」と呼ばれるものの内容は世界のあらゆるところに見られるものである。だが、欧米的価値観のみが普遍的価値と信じる人は欧米のみならず、アジア人にも多い。アジア固有の価値にも普遍的なものがあることを示すことでアジア人にプライドを持たせること、これが「アジア的価値」主張の根底にある。

さらに、家族の崩壊などに代表される欧米社会に蔓延する深刻な社会問題をどのように回避すればよいいのか、その方法が「アジア的価値」でもあった。マハティール首相は、首相就任直後から「ルック・イースト政策」によって「アジア的価値」を提唱していた。首相は、個人の権利を優先させる西洋の文明は、道徳心の低下、倫理の荒廃、社会規範の弛みなどにより衰退の兆しが見られるのに対し、日本や韓国では集団の権利を個人の利益よりも優先させており、その労働倫理は、規律、忠誠、勤勉を内容としており、これらのことが経済や社会の発展の原動力となったと述べて、学ぶべきモデルは欧米ではなく、これらの国の哲学や倫理、技術であると提唱したのである。また、同首相は九一年、アメリカが民主主義と人権を説くことは間違っているとして「ホモセクシュアリティをみせびらかし、結婚という制度を否定し、個人主義の名において地域社会の福祉に打撃をあたえ、また報道機関に特権を与えるものが民主主義の内容であるなら、それらを否定する新しい考えがあってもいいだろう」〔*Far Eastern Economic Review*, June 17, 1993〕と国連会議で演説した。普遍的価値をアジアに向かって説くアメリカ社会の足元に蔓延する問題を、マレーシアは回避することが出来るのだという彼の自信がこの演説からうかがえる。

(2) シンガポールとマレーシア

ではなぜ中国やインドネシアという東アジア、東南アジアの大国ではなく、シンガポールやマレーシアがその先頭に立つのか。この両国にはいくつかの共通点がある。第一は、シンガポールは人口四〇〇万、マレーシアは二一〇〇万人と、ともに人口の小さな国家でありながら華人、マレー人、インド人などから成る多エスニック社会であること、それにもかかわらず独立時の厳しい国際的・国内的環境によって多数派への同化政策を採らず、というよりも採ることができずに、多数のエスニック・グループが並存する共同体として出発したこと、それゆえの国家建設の困難さである。

淡路島ほどの面積の都市国家シンガポールは、マレーシアからの突然の分離によって一九六五年に独立を余儀なくされ、分離に至るマレーシアとの摩擦、東南アジアの大国インドネシアによる敵視政策（対決政策）の下でゼロからの国家建設をスタートさせた。一方のマレーシアもまた、マラヤ共産党との武装闘争という非常事態の下で独立（五七年独立時はマラヤ連邦）し、インドネシアの対決政策、六九年五月のマレー人と華人のエスニック暴動という厳しい環境のなかで国家建設を行ってきた。

しかしながら、このような脆弱な国家でありながら類まれな経済成長を遂げた。シンガポールの一九九九年の一人当り国民所得は、旧植民地宗主国イギリスをはるかに凌ぐ三万五五〇USドルとなった。シンガポールとともにアジアNIES（新興工業経済群）と並び称されてきた韓国、台湾、香港の経済成長が九〇年代に入って伸び悩むなかで九三、九四年には二桁の経済成長を遂げ、マクロな経済指標を見る限り、この小さな都市国家は「先進国」と呼ばれても何の不思議もない。一方、マレーシアの一人当り国民所得は四三七〇USドルとシンガポールよりはかなり低いが、インドネシアの四倍、タイの一・五倍にものぼる。先述した「Wawasan 2020」という、より一層の経済発展をめざす野心的なスローガンを掲げるまでに成長したのである。また、冷戦終結直後から世界各地でエスニック暴動が頻発して深刻な問題を引き起こしているなか、シンガポールは独立以来一度も、マレーシアは六九年の後は一度もエスニック暴動を経験していないことも、大きな自信の背景になっている。経済発展と国家建設の成功という大きな自信が、両国をして欧米のアジア観に挑戦させている。

もっとも経済発展を達成したのはこの両国だけではない。韓国や台湾はマレーシア以上の発展を遂げている。ただ、シンガポールとマレーシアが「アジア的価値」主張の先頭に立つのは、開発政治体制というマイナス・イメージを払拭して、自らの体制が依って立つ積極的な体制の根拠を国際的にも国内的にも示す必要に迫られたことであろう。

なぜなら一九八六年のフィリピンでのマルコス体制崩壊、タイの九二年五月運動によって、フィリピンとタイの開発政治体制は崩壊し、この両国は人権や民主主義に関する限りではASEAN諸国のなかで先進的な地位を占めるにいたった。そして次に開発政治体制が崩壊するのはシンガポールかマレーシアかと注目を集めた。しかし、八七年五月にシンガポールで治安維持法が発動されて二二人が、マレーシアでも同年一〇月に治安維持法が発動されて一〇六人が逮捕された。治安維持法とは「危険分子」を逮捕礼状なしに無期限に拘束できるというもので、植民地時代に反英分子を取り締まるためにイギリスが制定した法律であった。その後も両国政府は強権的な姿勢をくずさず、開発政治体制は今日まで続いている。ますます厳しくなる欧米諸国の人権・民主主義圧力に対して、シンガポールとマレーシアは自らの体制を正当化する根拠を示さねばならなくなった。

根拠を示す必要性は国民に対しても同様であったろう。これまでの「開発と成長一本槍」ではもはや国民の支持を繋ぎとめておくことへの限界を、シンガポールとマレーシア政府は感じ取っていたはずである。両国とも独立以来一度も政権交代が行われておらず、同じ政党が一貫して与党の地位にある。シンガポールの場合には六八年から八一年まで国会には野党議員は一人もいなかった。両国の国民が長期間与党を支持し続けてきたのは、経済発展の実績とともに治安維持法に代表されるような批判者に容赦ない体制への恐れがあったはずである。また、政府の言論統制や集会の規制は、野党や批判勢力の活動を長い間萎縮させてきた。しかしながら、経済発展による豊かさの享受と八〇年代後半からの人権・民主主義尊重の国際的流れは、沈黙してきた民衆を活気づけた。両国政府はさらなる開発と発展に加えて、いわば「上からのナショナリズム」を創出する必要にせまられたのである。シンガポール大統領が「国民共有価値」を「シンガポール人であることのエッセンス」といい、マレーシアが「Wawasan 2020」で「一つの国民として帰属意識を持ち」と述べているのは、そのあらわれであろう。

最後に、両国首相の個性についても付け加えねばならないだろう。シンガポールのリー・クアンユー前首相もマレーシアのマハティール首相も出自ではなく、本人の強い意志と優秀さによって社会の階段を登りつめた人物である。リーは幼い頃からその優秀さで注目され、植民地宗主国イギリスの奨学金を得て留学したケンブリッジ大学を最優秀の成績で卒業した。マハティールもまたイギリスの奨学金を得て高等教育を受けた。彼はマレーシア第四代首相であるが、前任者がすべて王族出身であるのに対して彼は初の平民出身者である。この二人の自分自身への強い自信と指導者としての自負が、欧米への歯に衣着せぬ発言の背景にもなっていると考えられる。

このような両国であるからこそ、「アジア的価値」の主張には一定の影響力がある。また、「シンガポールの価値」「マレーシアの価値」と呼ばずに敢えて「アジア的価値」としたのは、中国やインドネシアを含めて広くアジア諸国の賛同を得ることを期待していたのであろう。「アジア的価値」の主張によって、両国はアジアには欧米とは異なった発展の様相ならびに社会のあり方が存在していること、欧米社会に蔓延する深刻な社会問題を回避する術が両国に内在する固有の価値にあることをアピールし、さらに、国際的にも国内的にも現体制の積極的な擁護を図ろうとしているのである。

三 「アジア的価値」への支持

では、「アジア的価値」の主張は他のアジア諸国、ならびにシンガポールやマレーシアの国民にどのように受けとめられているのであろうか。

まず、「アジア的価値」の内容への支持はともかくとして、欧米諸国に対してアジアの指導者が異議を唱えたことを支持し、また普遍的価値を説くのは欧米だけではないことに驚きと共感を示すアジア人が多いことは事実である。イギリスのメージャー首相が中国の民主主義や人権状況に憂慮を示したとき、李鵬首相が「わが国はアヘン戦争以来、イギリスから人権の問題について配慮してもらったという記憶はない」と反論した。この反論に拍手を送ったのは中国人だけではあるまい。「文明化」の名の下に欧米諸国がアジアの植民地支配を正当化・合理化した歴史は、つい昨日のことである。「民主主義・人権」という美しいスローガンが、再び欧米のアジアへの介入を正当化・合理化する可能性があるという警告は、十分な説得力を持っている。

また、一九九三年一一月、シアトルで開催されたアジア太平洋経済会議（ＡＰＥＣ）において、アメリカが強引に経済自由化を推進しようとしたことに反発したマハティール首相が、非公式首脳会議を欠席した。国際会議を主催・推進するのはアメリカで、アジアはその方針に追従する時代は終わったといわんばかりの首相の態度に、多くのマレーシア人は拍手を送ったのである。しかしながら、「アジア的価値」の内容まで国民が支持し、その実現を確信しているかどうかは別である。

シンガポールやマレーシアのような多エスニック社会においてはすべての国民が受け入れられるような価値を作り出すのは難しい。シンガポール政府が大々的に打ち出した「国民共有価値」は儒教的な色彩の強いものであったがゆえに、「他の人の民族衣装をまとうようなもの」という反発が非華人の中から起こった。また、「儒教的価値観を導入すれば必然的に中国に国民の目を向けさせることになり、シンガポールのような多エスニック社会においては危険なことである」という批判も寄せられた［*Far Eastern Economic Review*, February 2, 1989］。

さらに、村落共同体や大家族を崩壊させたのは、急速な開発を追求してきた政府であるにもかかわらず、アジアの家族主義的国家観を強調することへの疑問も出されている。シンガポール政府は独立直後、「大家族は経済発展を妨げる要因である。大家族もしくは多世代同居は、稼ぎ手の貯蓄を減少させるだけでなく、さらなる収入を得ようとする意欲を削ぐことがある」として、新婚夫婦が政府の公共住宅を優先的に購入できるようにして核家族を奨励した。また、地域社会で何らかのボランティア活動に参加したことのあるシンガポール人は、九〇年の調査（主要英字新聞の電話によるアンケート調査）によればわずか六％しかいない。同様の調査では、アメリカ人の三九％が何らかのボランティア活動に参加したことがあるという。アジアの家族主義的国家観がこのように個人主義化したシンガポール社会で今もなお健在であるのかどうか、この調査結果は疑問を投げかけているといえる。

また、「個人よりも社会、社会よりも国家が優先ならば、政府批判は「国民共有価値」に反することになり、批判する権利を主張することは欧米の自由主義思想とみなされて疎外されうる」のだから「政府は、これによって独裁的な統治を正当化しようという隠れた意図をもっている」という批判も起こっている［田村、二〇〇〇：二五八］。

一方、マレーシアでは、「Wawasan 2020」に謳われる「多様な人種からなるマレーシアの人々がそれぞれの生活習慣・宗教・文化を守りながら、一つの国民として帰属意識を持」つことができるのか、不安な状況にある。六九年以来、エスニック暴動が起こっていないことはすでに述べたが、それは決してエスニック・グループ間の融合が進んだことを意味するのではなかった。この国ではマレー人と非マレー人、とくに華人との経済的格差を解消するために、七一年以来「マレー人優先政策」が採られているが、近年これを見直そうとする動きが高まり、見直しを求める華人団体と、見直し反対を叫ぶマレー人グループの間で対立が次第に深まっている［*Far Eastern Economic Review*, September 21, 2000］。どのようにして統一されたマレーシア国民をつくるのか、処方箋は未だ明らかではない。

四 「アジア的価値」とジェンダー

一九九七年夏にアジア諸国を襲った経済危機によってアジアの経済成長も終わり、「アジア的価値」も色褪せるのではないかという意見に対して、リー・クアンユー前シンガポール首相は、「経済危機による混乱はアジアの価値とは関係ない。コンセンサス重視や個人よりも集団を重視するという考えが、クローニー（権力者の盟友の企業集団）を生んだのではない。経済危機に苦しんでいる国は、中国のクァンシ（人的関係）のような文化的構造に根の深い問題があった。クローニーやクァンシはアジアの価値ではない」として、「アジア的価値」重視の考え方に変化がないことを強調した。マハティール首相も「リンギ（マレーシアの通貨単位）が下落しようが、自分の哲学は変わらない」と断言している［*The Sunday Times*, February 22, 1998］。

しかしながら、「アジア的価値」を主張する政府指導者に拍手を送りながらも、その内容に国民が冷めていることは、「アジア的価値」の最大の問題点を明らかにしている。それは「アジア的価値」を提唱している現体制は、マクロなレベルで国富を増大させて社会開発と経済発展を成功させてきたとしても、それが国民一人一人の経済的・社会的・文化的権利の実現に寄与してはいないという現実、つまり、当該国政府が本当に「成熟し、合意を基礎とする民主主義」（Wawasan 2020）実現の努力をしてこなかったという現実なのではあるまいか。

その現実がもっとも顕著にあらわれていることの一つは、社会保障の未整備を「アジア的価値」の名の下に解決しようとする両国のシステムであろう。シンガポールの社会福祉予算はすでに「先進国」並みの経済発展を達成している国としては貧弱で、一九八五年で全体の四・一%、九六年でも三・〇六%でしかない。シンガポールでは安易な弱者救済はしないという方針の下、失業保険という制度も存在せず、老人ホームなどの入居条件も厳しい。一方のマレーシアでも失業保険はなく、八五年の予算では五%を社会福祉に割いていたが九〇年には軍事予算を大きく伸ばしたために社会福祉予算は三・六%に下がってしまった。

では、社会保障未整備の「ツケ」は誰が負っているのか—女性たちである。つまり、社会保障を十分に整備しないことの「ツケ」を、女性の負担増によって解決しようとしていることである。開発におけるジェンダー間ギャップを手がかりに、「アジア的価値」の問題点と、さらには、近年少しずつジェンダー間ギャップに声を上げはじめた彼女らの動きを通して、「アジア的価値」の今後についても考えてみたい。

(1) シンガポールの開発とジェンダー

天然資源を産出せず、人間のみが資源というこの小さな国では、女性は、男性とともに国家の発展を担う勤勉な労働力として位置づけられ、そのために労働と教育の機会均等が奨励された。教育機関で学ぶ女子の比率は、独立以来急激に上昇して一九九〇年には四八%とほぼ男女同率となった。また、六八年にはそれまで中等教育課程で男子のみが選択できた技術科目を、女子学生も選択できるようになった。さらに、政府は公共住宅の新規申し込みに際して、既述のごとく新婚の夫婦を優先し、核家族を奨励したのである。このような奨励策を反映して、女性の労働力化率は一九六六年の二五・三%から二〇〇〇年の五〇・二%まで上昇している［*Singapore Yearbook of Statistics*, various years］。

しかし、開発におけるジェンダー間ギャップは大きい。女性の平均賃は、一九八〇年で男性の六一%、九九年で七〇・四%である。これは、女性が外で働くことを奨励しながらも、「女性は家庭で中心的な役割を果すこと」という考えが根強く残っているためである。憲法は人種や出自による差別を禁止しているものの、性による差別は禁止しておらず、性差による職種の分類と賃金格差は違法ではない（公務員は男女同一賃金）。さらに、女性労働者の四四・二％が給与水準の低い事務職や販売・サービス関連の職業に就いていること（男性は一九・一％）、女性の高学歴化によって女性労働者の二九・七％が専門・技術職に就いているものの、その多くがやはり相対的に給与の低い初等・中等教育機関の教師や看護婦であることも、女性の平均賃金を下げる要因であろう。女性労働は周辺化されてきたといえる。

「女性は家庭で中心的な役割を果すこと」という考え方は、女医数の制限など他の分野にも及ぶ。女医はやがて家庭に入るから勤続年数が短くなるという理由で、シンガポール国立大学医学部の女性入学者は全体の三三％を超えないように「配慮」されており、医者を目指す女性の競争は厳しい。また、「家長は男性である」からとして、女性公務員の家族は被扶養者医療費控除が受けられない。医療費控除が受けられるのは男性公務員の家族だけである。同じように、育児休暇や介護休暇を取れるのも女性のみであり、また「妻が夫に従うのがアジアの伝統」として、外国人女性がシンガポール人男性と結婚した場合には市民権は自動的に取得できるが、シンガポール人女性と結婚した外国人男性がシンガポール市民権を取るためには、所得や職業など厳しいチェックが待っている。

「アジア的価値」奨励は、シンガポール女性が抱えてきたこのような「負担」をさらに増大させた。「女の子は女の子であり、それゆえ将来の妻として母として訓練されなければならない」として、一九六八年以来男女共通科目であった技術科目が男子のみの科目となり、女子は再び家庭科が必修となった。また、公共住宅の入居においても、親の家に近い公共住宅に入居したり、二世帯同居を選択した若夫婦には奨励金が支給されたり、税の優遇措置がとられることになった〔*Far Eastern Economic Review*, August 1, 1996〕。女性が仕事を続けている十分な環境が整わないままで、このように親との同居を奨励すれば、家事や育児の負担を負うのは女性である。シンガポール女性の出生率が七〇年の三・一〇から九八年には一・五まで低下し、また、結婚しない女性が増えている（女性全体の一五～二〇%は生涯独身）のは、彼女らの不満を物語っているように思われれる。

「アジア的価値」の下で二重の「負担」を増大させられている女性の状況に対して、これまで異議を唱える声はほとんど聞こえてこなかった。それは、国家の生存と発展が何よりも優先され、国民の社会、政治活動には極端な制限が課されてきたためである。植民地時代に制定された治安維持法が現在でも有効なのは、すでに述べた通りである。さらに、国会の場にも、長期政権である与党人民行動党内にも女性がほぼ皆無であったためでもあろう。一九七二年から八三年まで、国会には女性議員はゼロだった。

しかしながら、一九九〇年代になって、ようやく声を上げる女性たちが登場した。高い学歴に加えて、世界的な男女平等に対する関心の高まりがその背景にあろう。例えば、①すべての分野における女性の参加と意識の向上を促進する、②男女平等を達成する、という目的のために八五年に結成された女性NGO「行動と研究のための女性協会」は、シンガポール唯一のジェンダー主流化を掲げる女性団体で、調査・研究活動から、女性の社会教育、職業訓練、セミナーや講演会の主催など多岐にわたる活動を行っている。「アジア的価値」の問題点を積極的に指摘しているのもこの団体で、例えば、中世の中国でよく見られた男どうしの「結婚」や、移民社会シンガポールでは長い間核家族が一般的であったことを挙げて、政府が「アジア的価値」で重視する家族とは中世プロテスタントの家族像であり、決してアジア固有のものではないと述べる。また、医学部のクォータ制度に対しても、男女の医師の勤続年数にはほとんど差が無いというデータを挙げて是正を強く求め、家庭科を再び男女共通科目とすることも要求した（この要求は、一九九四年に実現）。

しかし、国家の意思決定はすべて現与党によって行われて政府批判を公に行うのが難しいこの国では、批判の声は大きくなりにくい。民間団体や個人の活動は「政府が許容できるギリギリの範囲で」（女性協会関係者の話）慎重に行わざるを得ないのが現状である。

（2）マレーシアの開発とジェンダー

マレーシアは、一九七〇年代に伝統的なゴムや錫に依存する経済から製造業を中心とする工業化政策を開始した。国土の割に人口が少ないために、女性の労働市場進出と教育の機会均等が奨励された。初等・中等教育機関で学ぶ女子の比率は、九〇年には四八％とほぼ男女同率となった。女性の労働力化率も、七〇年の三七・二％から二〇〇〇年には四四・五％に上昇している［*The Eighth Malaysia Plan*, 2001：558］。とりわけ生産労働者の半分は女性であり、業種別にみると、電器・電子産業労働者の七六％が、衣服産業の八五％が女性である。マレーシア経済の主力を占める製造業は、女性労働者に支えられているといってもよいだろう。

しかしながら、非常事態宣言下で独立した経緯によって、憲法は連邦の権限がきわめて強いなど中央集権的で国家の緊急時に備えるものになっている。国家の存亡を優先させたために男女平等の規定については憲法に盛り込まれず、したがって性差による賃金格差は大きい。製造業の女性労働者の賃金は、七四年で同じ仕事にある男性の平均五〇％強（業種によって異なる）で、九〇年でも七〇～八〇％でしかない。女性の高学歴化を反映して、女性全体に占める専門・技術職従事者も、七〇年の五・三％から二〇〇〇年の一三・五％に増加しているものの、そのほとんどは賃金の低い看護婦や初等・中等教育機関の教員である。一九九三年で初等教育機関の教員の七一％が女性であったが、管理職に占める割合は八％に満たなかった［*Jamilah Ariffnn and the Population Studies Unit*, 1994：418］。女性労働はシンガポール同様に周辺化されてきたといえよう。

また、この国でも女性の最大の役割が家庭にあり、妻は夫に従うべきだという考え方は根強い。五年毎の国家開発計画において、第二次（一九七一～七五年）と第三次計画（一九七六～八〇年）では、女性の社会における価値のほとんどが出産と育児のように記しているし、その後の一〇年間でも、政府は女性の地位向上のために積極的な政策は取ってこなかった。第六次計画（一九九一～九五）では初めて「開発における女性」という章を設けたものの、女性の役割は「調和の取れた家庭環境を作り出し、同時に経済活動に積極的に参加すること」にあるとして、仕事と家庭の「二重の役割」を女性に強いている［田村、二〇〇三：五〇］。

このような姿勢ゆえに、この国の家族法や市民権法は女性に差別的なものであった。女性労働者の扶養家族は免税措置が受けられないこと、子どもが母親のパスポートに含まれる時には父親の同意が要ること、外国人男性がマレーシア人女性と結婚しても市民権を取得するのはとても困難であり、また、外国人男性と結婚したマレーシア人女性の市民権は剥奪される場合がありうることなどである。このような状況に異議を唱える声は、シンガポール同様の長期的抑圧体制の下で、大きくはならなかった。また、この国のほとんどの政党がマレー人、華人、インド人に分かれたエスニック別政党であるために、それら政党どうしの対立や妥協が常に国内政治の重要課題であった。従って、開発におけるジェンダー間格差の問題は、長い間政府の政策課題にすらならなかったし、女性たちも各エスニック・グループに分断されていたために、大きなパワーとなることが出来なかったのである。

「アジア的価値」はこの考え方をいっそう正当化し、第七次計画（一九九六〜二〇〇〇年）では「女性が家庭と仕事の二重責任を負うための技術を身に付けるような配慮がなされること」と述べられており、女性の仕事と家事の「二重負担」は当然の前提となったとすらいえる。政府の女性政策がこのようであるならば、女性は妻、母、職業人としてのバランスが保てないとみなされる職業につくことや、キャリアを追うことを自粛してしまい、社会生活の場での補助的・従属的役割に甘んじてしまうだろう。キャリアを追求して仕事を優先する女性は「女性は女性らしさを保つべきである。女性は挑戦的で力強く、競争意識を持ってはならない」（マハティール首相夫人で、マレー人女性初の医者となったシティ・ハズマの言葉）〔*The Star*, September 30, 1989〕と非難されてしまうからである。

しかしながら、一九九〇年代になってようやく、女性たちの中から異議を唱えることがあがってきた。女性の高学歴化、男女平等への国際的関心の高まりがその背景であろう。これまで各エスニック・グループに分かれていた女性NGOが、共同してロビー活動を行うようにもなった。もっとも、政府の女性政策を転換させる大きなきっかけは、一九九九年総選挙で、それまで与党連合の中核に位置してきたマレー人政党が大きく議席を減らし（八九から七二議席）、急進的な野党イスラム政党が躍進（七から二七議席）してマレーシアの政治史のなかで初めてマレー人の分裂が明らかになったことにある。政府与党は、イスラム政党に流れた女性票を取り戻すべく、イスラム政党が女性の社会進出に反対していることを取り上げ、女性の権利擁護を促進するのは与党であると強く訴えるようになった［田村、二〇〇三：五六］。

二〇〇一年三月、マレーシアで女性・家族省が設立された。同省は「女性NGOとの対話」を重視し、またNGOに資金提供を行っている。同年八月には憲法が改正されて「性による差別の禁止」が明記された。この改正に基づいて、いくつかの法律の見直しが進んでいる。政府の職員研修にもジェンダー研修が取り入れられるようになった。第八次国家計画（二〇〇一〜二〇〇五年）ではじめて「二重の役割」ではなく、「国家開発に向けての平等なパートナーとしての女性」が宣言された。

五　終わりに――「アジア的価値」と民主主義

「アジア的価値」を提唱し、それによって擁護されてきたシンガポールやマレーシアの現体制は、マクロなレベルで国富を増大させて開発と経済発展を成功させてきたとしても、社会保障未整備の「ツケ」を女性の二重負担によって解決しようとしてきたことからわかるように、豊かな経済水準をどれだけ国民一人一人の経済的・社会的・文化的権利の実現にむすびつけているのかどうか疑問を呈せざるを得ない。社会保障の未整備だけではない、家族崩壊など欧米に蔓延する深刻な問題を女性の負担増によって回避しようとしてきたといえるのではあるまいか。

「アジア的価値」の主張には、すでに述べたように、アジア地域の成長や発展の原動力として社会のなかに共通した文明的価値が存在し、それが欧米とは異なった発展の様相ならびに社会のあり方を示すという積極的な考え方が含まれており、それはアジア人にプライドを回復させるという大きな意味を持っていた。しかし、欧米とは異なった発展の様相ならびに社会のあり方というものが、すなわち開発のジェンダー間ギャップを肯定する社会であるならば、それに「アジア的」などという形容詞をつけることと自体が問題であろう。

すでに述べたように、マレーシアの状況は、一九九〇年代後半になって大きく変わりつつあるものの、これはマレー人社会の分裂を回避し、急進的な野党イスラム党に流れたマレー人女性の票を取り戻すための策という側面を強く持っており、政局の行方によっては見直しも十分あり得る。何よりも現政府は、「アジア的価値」の主張を取り下げたわけではない。

独立時の厳しい国際・国内環境ゆえに、国家の存亡を優先させる体制を構築し、また少数エスニック・グループを多数派に同化せず、並存する共同体として出発せざるを得なかったのが、まさに現在のシンガポールとマレーシアである。困難ななかで国家建設をせざるをえなかったのが出発点であったとしても、豊かな経済水準に達しつつある今、その豊かさを男女を問わずすべての国民の経済的・社会的・文化的権利の実現に向けていくことが求められているのである。そのような困難な、しかし壮大な試行錯誤によって生み出されるであろう智恵と英知を「アジア的価値」と呼ぶならば、その「アジア的価値」は二一世紀に向けたアジアの新たな民主主義としてふさわしいものになるであろう。

参考文献

Ahmad Sarji〔1993〕*Malaysia's Vision 2020 : Understanding the Concept, Implications & Challenges*, Pelanduk Publications, Malaysia.

Jamilah Ariffin and Population Studies Unit〔1994〕*Reviewing Malaysian Women's Status : Country Report in Preparation for the 4th UN Conference on Women*, Universiti Malaya.

Greg Sheridan〔1999〕*Asian Values Western Dreams : Understanding the New Asia*, Allen & Unwin, Australia.

Yong Mun Cheong〔1992〕*Asian Traditions and Modernization : Perspective from Singapore*, Times Academic Press, Singapore.

Federation of Malaysia〔2001〕*The Eighth Malaysia Plan*.

Government of Singapore, *Singapore Yearbook of Statistics*, various years.

青木保・佐伯啓思編〔一九九八〕『「アジア的価値」とは何か』ＴＢＳブリタニカ。

大沼保昭〔一九九八〕『人権、国家、文明――普遍主義的人権観から文際的人権観へ』筑摩書房。

黒柳米司〔一九九五〕「「人権外交」対「エイジアン・ウェイ」――軟着陸を求めて」『国際問題』四二二号。

田村慶子〔二〇〇〇〕『シンガポールの国家建設――ナショナリズム、エスニシティ、ジェンダー』明石書店。

――〔二〇〇三〕「マレーシアのＮＧＯとジェンダーの主流化」『アジア女性研究』十二号。

第六章　「アジア的価値論」と民主主義
――地域研究者の視点から――

伊野　憲治

一　はじめに

地域研究は、本来、対象とする地域社会の実態と動態をいかに把握するかという点に研究の主眼をおく。しかしながら、箇々の研究の過程で、従来、様々な学問領域で議論となってきた問題に対して、別の角度から、ある異なった視点を提供したり、問題を提起したりすることがある。いわば地域研究の副産物といえるものであるが、これまで主として政治学を中心に論じられてきている民主主義論についても、そのことは当てはまる。

ここでは、現在、民主主義論との関連からも注目を集めている「アジア的価値論」「アジア復権論」「アジアの世紀論」を取り上げながら、ミャンマーを対象として地域研究を行ってきた者の立場から、そうした議論がどのように見え、またいかなる問題性をはらんでいるのかといった点を考えてみたい。

「アジア的価値論」とは、一九八〇年代の後半頃からシンガポールのリー・クアンユー首相（現上級相）らを中心に唱えられた、アジア社会の「独自性」を強調し、アジアには西欧と異なる価値観が存在するといった政治的・文化的主張を言う〔梶原、一九九八：二四二〕。そして、九四年に *Foreign Affairs* 誌上に発表された、同誌編集者とシンガポール上級首相であるリー・クアンユーとの対談［Zakaria, 1994］、それに対する韓国の金大中（元大統領）の反論［Kim, 1994］、そしてマレーシア首相マハティールらの数々の発言で、各方面から注目を集め始めた議論である。それはしばしば、権威主義的政治、開発独裁型政治に見られる、民主主義・人権の擁護より経済発展を優先する強権的政治を正当化する一つの有力な論拠となっており、その意味では本来極めて政治的性格の強い議論である。

このアジアの政治指導者たちの発言が出発点になった「アジア的価値」という政治的言説を巡る議論は、その後、ある異なった方向性をもって展開した。現在では特に、単なるアジアの指導者の政治的発言といったレベルを超えて、「西欧的価値の優位に対してアジア的価値の復権を唱えるアジア」〔萩原、一九九六：二三二〕といった観点から議論の見直しがなされており、その議論の持つ「文明論的」「文化論的」内容が強調されてきている。「アジア復権論」「アジアの世紀論」等としても言及されるゆえんである。その際議論の中核をなしたのは、西欧的民主主義・人権概念に対する「アジア的」なるものの対峙といった点にあった。また、研究の方向性としては、リー・クアンユーやマハティールの政治的言説の研究という性格が薄れ、彼らのメッセージを題材に取りながらも、研究者を含めた取り上げる側が、自らの政治的・文化的主張を「アジア的価値」として提示することに重心がおかれる傾向が見られるようになってきた。

こうした傾向に対して、そもそも「アジア」として括れる地域概念が曖昧な以上、「アジア的価値」などは存在せず、いわば政治的言説に政治的言説を重ねる作業でしかないのではないかという疑問が当然寄せられる。「アジア的価値」を論ずることに意味がないとする見解である。また人権・民主化外交に対して、「アジア的価値」という「文化」を持ち出す政治的言説の在り方にそもそも批判的な立場もある［青木、一九九八：一四］。しかしながら、「アジア的価値」を巡る議論が現に存在しているという事実は否定できないし、坪内がマハティール論の中で述べているように、論じないことが誤解、曲解を生むことにもなる［坪内、一九九四：二一六］。さらに、「アジア的価値論」は、西欧的価値観の相対化、「オリエンタリズム」の克服といった観点からも、重要な問題提起を含んでおり、それなりに取り上げるに値する議論であろう。にもかかわらず他方で、これまでのこの問題を巡る議論には、若干の危惧を抱かざるをえない面もある。

そこで、まずここでは「アジア的価値論」「アジア復権論」「アジアの時代論」に関する坪内や押村の従来の研究を出発点としながら、こうした研究が何を問いかけ、またいかなる問題性を残しているのかといった点について、ミャンマーを対象として地域研究を行ってきた者の立場から論じていくことにする。

二　坪内の「アジア復権論」と押村の「アジア的価値論」

(1)　坪内の「アジア復権論」

一九九四年に出版された『アジア復権の希望マハティール』と題された坪内の研究は、同年出版された根津の『マハティール――アジアの世紀を創る男――』[根津、一九九四]と同様に、マレーシア首相マハティールの思想を取り上げ、そこに「アジア人のアジア」への強い志を読み取ろうとしている。しかしながら、基本的には、マハティールの思想の全体像を明らかにしようという方向性よりも、彼の思想に見られる「アジア復権論」的要素を抽出しようという傾向が強い。

その坪内の議論の最大の特徴は、それまで概して開発独裁正当化論の代表的論客として見なされてきたマハティールの思想・議論を「五百年にわたってつづいてきた欧米優位の歴史の流れをかえ、アジアの栄光を回復せんとする試み」[押村、一九九四：i]と位置付けている点にある。その意味において、マハティールの思想における、植民地支配の負の遺産、支配を受けた側のメンタリティーを重視している。「貧困から脱し、自らの主体性において価値観を選択できるようになったとき、アジアは復権し、そこでようやく欧米支配は完全におわる」[坪内、一九九四：iv]といった捉え方に表れているように、坪内は、マハティールの思想の背景に、植民地支配とそれに続く欧米支配への批判を読み取り、そこにアジアの復権、アジアの尊厳の回復という強い意志を見出している。こうした立場から、坪内は、開発至上主義と見なされてきたマハティールの考え方に再検討を加え次のように指摘している。「マハティールは、アジアの立場から欧米の価値観に異議を唱えてきた。アジア途上国が経済的につよくなって、自信を回復することが、その挑戦の大前提であった」[坪内、一九九四：六]。

つまり「GNPの成長はマハティールにとってはむしろ手段」[坪内、一九九四：一二〇]にすぎず、開発重視の側面のみを強調して、開発独裁正当化論者と見なすことへの疑問を提示しているのである。その上で、坪内はマハティールの思想の本質について次のように捉える。「マハティールは単純に『欧米的価値観を悪、アジア的価値観を善』と考えているわけではない。欧米的価値観だけが世界の中心、主流とされることに反発しているのである。むしろ、彼は両者の長所を統合した新しい価値観の創造に向かう過程として、欧米的価値観の絶対化の否定と、アジア的価値観の復興を目指しているのである」[坪内、一九九四：vii]。

さらに坪内は、従来「個人の重視か、共同体（家族）の重視か」といった尺度からは、共同体（家族）重視の立場として括られてきたマハティール理解に対しても、疑問を投げかける。そして彼の思想におけるイスラーム重視という側面を指摘し、以下のように述べている。「共同体的な側面だけでなく個人的側面をもつイスラームの価値観は、アジア的復興のみならず、新しい価値観の創造においても重要な要素となる。それは敬虔なイスラーム教徒、マハティールの最大のつよみなのだ。彼は、『自由も博愛も平等も、欧米に教えられなくともイスラームの教えに入っているのだ』と言いたげですらある」

［坪内、一九九四：vii］。

坪内は、マハティールの思想に、西欧近代の人権・民主主義思想とイスラームの価値観は排他的なものではなく、その融合の可能性を見出そうとしている。そして、その可能性に期待し「ポスト・モダンを現実のものとしようという世界史的意義を有する」［坪内、一九九四：一一七］ものとしてマハティールの思想を高く評価している。しかし、残念ながら、マハティールは具体的にどう人権・民主主義思想とイスラームの価値観を結びつけようとしたのか、といった点に関する坪内の議論は具体性を欠いているる。また、その思想がどのように実践されているのかといった点に関する具体的論究もない。つまり、坪内の議論は、民主主義・人権思想との関連から考えるならば、マハティールの実際の思想・行動の研究というよりも、彼を題材にした坪内自身の「アジア復権論」「アジア的価値論」の提示といった性格が強まっているのである。

もちろん、坪内のマハティール論は、マハティールの思想の全体像を描こうとしたものではない。また、こうした議論の展開自体は、マハティールの思想の理解に一石を投じたという意味のみならず、「アジア的価値」を巡る議論を活性化させたという意味においても、それなりに評価できる。

「アジア的価値論」を「人権か、開発か」といった文脈のみで捉え、マハティールを欧米批判論者の急先鋒と位置付ける議論に対して、彼のシンク・タンクと言われているマレーシア戦略研究所長のノルディン・ソピーは、次のように述べている。「もし、『アジア的価値』で巨大な活力を説明できるのであれば、同時に、信じられないほどの停滞をも説明できるはずだ。もし、アジア的価値で今日までの一世代の爆発的な経済成長が説明できるのであれば、それ以前の何百年にもわたる惨たんたる経済実績はどういうことになるのだろうか」〔ソピー、一九九七年〕。

これは「人権か、開発か」といった文脈のみで、マハティールの思想を裁断することへの「裁断される側」からの反論と見なすこともできる。その点、坪内のマハティール論には、まず相手の主張に素直に耳を傾けようとする姿勢が見られる。そうした姿勢は、私たちの心の内に潜む「オリエンタリズム」を克服する上では極めて重要である。

しかし坪内の意図は別にして素材の取り上げ方に関しては若干の疑問も残る。確かに坪内は「欧米的価値観への抵抗というとき、アジア的価値観が対置されるが、そのアジア的価値観は一元的である必要はないのだ」〔坪内、一九九四：二二三〕「著者はマハティールを取り上げたが、リー・クアンユーが、スハルトが、ド・ムオイが、そしてさらに多くのアジア人が、アジア復権の担い手として取り上げられていいと思う」〔坪内、一九九四：二二七〕と指摘している。しかしながら彼が何故、あえてマハティールを取り上げたかについては何らの説明もない。また、どのようなものをマハティール的でない「アジア復権論」「アジア的価値論」としてイメージしているのかといった点に関する可能性の示唆も見られない。その意味で坪内の研究は、マハティールを「アジア復権」の担い手、「アジア的価値」の代弁者として位置付けた、その出発点において議論の余地が残る。それ故、この坪内の選択をどう位置付けるか、その意図をどう解釈するかによって、読み手の評価が変わってこざるを得ない。「アジア的価値論」、「アジア復権論」といった議論の難しさは、結局何を素材として語るかといった出発点からして、民主主義についての考え方も含めた研究者側の立場・思想が本質的に問われる点にある。

(2)　押村の「アジア的価値論」

押村の議論は、坪内の議論と比較すれば、より押村の「アジア的価値」あるいはそれと民主主義の関係をどう捉えるかといった点に関しての彼自身の思想の開示的性格が強い。それは、ある意味では、比較政治学や政治文化論といった立脚点から、「アジア的価値」と民主主義の関係性について積極的に取り組んだ結果とも言えよう。

押村は、まず、「アジア的価値」の存在を否定する従来の議論に反論を加えた上で、アジアが多様な容貌を持ったことは認めるにしても、グローバリズムの波に洗われながら、先進国の資金と技術で産業構造の転換と高度化を成し遂げるなど、類似した成長パターンとそれによって生じた問題群を共有しているが故に、動態的に眺めれば、各国のアイデンティティ形成プロセスは、いやが上にも似てくるだろうという立場に立つ［押村、一九九八：一六六―一六七］。その上で押村は、大意次のような政治スタイルからみたアジア的価値が存在しているとしている［押村、一九九八：一六七―一七三］。

①　日本、韓国、中国、ベトナムまで含めた東アジア儒教圏では、個人の「父系」ないし「母系」への位置付けが重視され、その結果、「分」をわきまえること、「利己心」の抑制や他者への配慮が第一の美徳とされ、個人より共同体の存続、権利より集団的な義務を優先させるという生活信条が根付いていること。

②　アジア人は、「具体的な」共同体の中に身をおいてのみ自己の実現がかなうという生活実感を保持

していること。自我を優先させる場合にも、集団の存続を脅かさないことを論証する挙証責任は、つねに当該個人の側にある。

③ 欧米では、各人が等しく最小単位を構成するという意味から人間関係が「水平的」であるとすれば、アジアでは、社会への貢献や集団における重要度によって測定される「垂直性」が一般的であること。儒教的君臣、親子関係に代表されるそのようなパトロン-クライエント関係は、家族を超え、政党、学校、企業、官僚組織ばかりか、代議士-選挙民の丸抱え的な関係にまで浸透する。

④ こうした家族観が、集団の「内」と「外」という差別意識を育み、あらゆる組織を家族との類推でとらえる社会観をもたらすこと。このようにして、自然のミクロコスモスとしての政治秩序は、西洋のように「構築する」対象ではなく、「保存すべき」対象となる。

⑤ 位階秩序を基調とするアジアの民主主義は当然、力において「互角な」複数の主体が鎬を削るという事態、つまり「競争民主主義」を、秩序の破壊をきたすものとして敬遠すること。東南アジアでは、対決より秩序や調和が好まれる。多数決原理は分裂を生む要因として嫌われる。東アジアのみならず東南アジアでも、むしろ談合、融和、根回し、満場一致を理想的解決法として選択し、政党の指導者はそのために、政党内及び他政党との関係において驚くほどの柔軟性を発揮する。優位にある政党も自己改良を怠っていない。指導者はつねに、コンセンサスを「熟成」させるべく、最大多数の意見を辛抱強く取り込もうとする。したがって、いわば「権威主義的多元主義」とも呼び得るアジアの政治は、権威主義であっても、権威主義が西洋で持つイメージ（収奪、搾取、唯我独尊）とは懸隔である。こういった位階構造は、家父長的な支配者にも強い儒教的、仏教的モラルが課されるのが通例であり、上位者

は温情主義を併せ持たねばならず、実際上、成果は下位者と共有されていく。

⑥ 位階秩序観は、国民の側の「強い国家」の要請につながること。アジアにおいて国家のイメージは必要悪でも市民社会の調整機関でもなく、保護者である。国家はそれ自体「強く」なければならない。

⑦ アジアでは非人格的な「法の支配」よりも融通が利く「人の支配」が一般的であること。

⑧ アジアでは、文化に包容力があり、複数の矛盾する理念やイデオロギー（例えば平等と効率、権威主義と多元性、市場と共産主義）を両立させることができる柔軟性があること。アジアにおける民主主義の採用は、硬直を生む「理念」より、比較的改変のきく「制度」の限定的導入が重視されている。

右のようにアジア的価値を総括したうえで、押村は、「『アジア的価値』は唯一明解な実体を持つものではありえず、価値観の転換に応ずる言説であった。つまりアジア的価値とは発見するものではなく『創られるもの』であることがわかる」［押村、一九九八：一八五］とし、その言説の戦略的活用の可能性について大意次の三点を論じている［押村、一九九八：一八五—一八八］。

第一は、儒教的な権威主義、家族重視、集団主義が「開発」にだけでなく、地球環境の保護協力にも活用することにより、結果志向の環境権威主義、環境集団主義というエイジアン・モデルの可能性を模索すること。そのことにより、リベラル・デモクラシーを上回る貢献ができれば、アジア的価値は普遍化に近づくことができる。

第二は、アジア独自の「間国家的」ルールを確立し制度化すること。その「間国家的」ルールを実効あるものにするために、国家体制は「人の支配」と「法の支配」のいずれが効率的であるのかといった問題に関する理論的検討が必要である。

第三に、アジアの政治スタイルが、途上国による独裁の無限の正当化に持ち出されるという不名誉を被らないように、権威主義が許容される範囲、あるいは西洋流の手続きの公正を「猶予される」期限について、一つのセオリーを作ること。


以上、戦略的活用の可能性についての指摘に終わる議論の概略を整理してきたが、この議論の第一の特徴は、坪内の議論に見られるようにマハティールといったようなある特定の人物の思想を素材にするのではなく、より一般的に「アジア的価値」の理念型を抽出した点にある。この試みは、現在少なからぬ人々が漠然とイメージしている「アジア的価値」を極めて明解かつ手際よくまとめたものとしては評価できる。ここで、紙幅の都合も省みず紹介したのは、現在「アジア的価値」として語られている内容の一つの雛形をそこに見ることができるからでもある。第二の特徴として、こうした前提の元に、その戦略的活用の道を探るといった試みがなされている点をあげることができる。これは、「アジア的価値論」「アジア復権論」の新たな展開として位置付けることができよう。

しかしながら、こうした議論の展開とその具体的内容に関しては、若干の疑問も生じてくる。まず第一に、押村は「アジア的価値とは発見するものでなく『創られるもの』である」としているが、それでは、押村がアジア的価値の理念型として指摘した右の八項目は、いったい誰によって創られたものなのかという疑問である。ここで示された「アジア的価値」の理念型は、押村が、主として東アジアの儒教文化圏に関するこれまでの文献・研究を駆使して二次的に導き出した、彼自身の「アジア的価値」にすぎない。

第二に、またかりに、アジアの指導者たちによって創られた「アジア的価値」の理念型が存在するとしても、その戦略的活用の可能性を考える場合には、まずもって分析の中心とすべきは、そうした政治的言説が創られた背景であろう。こうした現実政治の分析なくして、戦略的活用の可能性を論じることは、机上の空論になりかねない。

しかし、こうした問題点があるが故に、「アジア的価値論」や「アジア復権論」について論じることに意味はないとすることはできない。むしろ近年の「アジア的価値」を巡る議論が、押村の研究に見られるように理念化し、それを自明の前提とした上でその戦略的活用の可能性を探求する方向に向いているだけに、こうした議論を相対化する作業が不可欠のように思われる。*Foreign Affairs* 誌上で、金大中が、「文化は宿命か?」と、リー・クアンユーの発言に疑問を投げかけたのも「アジア的価値」が一元的に語られてしまうことへの強い危機感によるものであろう〔Kim, 1994〕。重要なことは、「アジア的価値」を論ずるべきか否かではなく、坪内や押村に代表されるような議論が存在している以上、それをいかに相対化していくかである。

三　「アジア的価値論」の相対化

現時点で、坪内の示した「マハティール的アジア復権論」や押村の「アジア的価値論」を相対化するには、おそらく二つの方法が考えられよう。一つは、坪内の研究の場合、彼の提示したマハティール像そのものを批判検討することである。もう一つは、別の「アジア復権論」「アジア的価値」を提示し、議論を相対化する方法である。前者は、マハティールの政治的言説の徹底的研究を必要とし、マレーシア地域研究者の絶好の研究課題になりうるが、マレーシアを専門としない筆者自身の能力をはるかに超える。そこで、以下、ミャンマーのアウンサンスーチーの思想を取り上げ、もう一つの「アジア的価値」、「アジア復権論」として対峙させてみたい。

アウンサンスーチーの「アジア復権論」

アウンサンスーチーは、周知のように一九九一年にアジアの女性としてはじめてノーベル平和賞を受賞したミャンマー民主化運動の指導者である。彼女は、ミャンマー独立の父アウンサンの娘として、八八年に始まる民主化運動において、一躍民主化勢力の指導者としての地位を確立した。民主化の流れが国軍のクーデターによって阻止された後も、国民民主連盟（NLD）という政党を結成し活動を続けた。その結果、軍事政権によって、六年間の自宅軟禁になったことで知られている。

彼女に対するイメージの一つとして、ミャンマーの事情は全く理解していないヨーロッパナイズされた女性といったものがある。人権・民主主義・自由という西欧的価値を絶対視する人物として位置付けられてきている。こうしたイメージ形成には、一五歳以降その生活のほとんどを海外で過ごしたという彼女の経歴と夫が英国人であるということが大きく影響している。しかし、最も影響を及ぼしたのは、アウンサンスーチー・NLDの圧勝に終わった九〇年総選挙の結果を無視して、政権の座に居座る軍事政権側の宣伝である。アジアにはアジアの事情があり、ミャンマーに見合った民主主義・人権概念があるとする軍事政権の主張や、ミャンマーのASEAN加盟問題をめぐって、欧米の反対姿勢に対し、「アジア的価値」の主唱者とされるマハティールが、軍事政権よりの態度を示し加盟に積極的であったことから、こうした「アジア的価値」とは対局をなす「西欧的価値」の代弁者というイメージが一層定着した。

しかし、アウンサンスーチーの主張や行動を丹念に見直していくと、そこには西欧的価値観を絶対視する近代主義者といったイメージをはるかに超えた側面が見えてくる。そのことは、アウンサンスーチーがこの運動を通じて何を目指そうとしているかということに素直に耳を傾ければ、容易に理解できる。彼女は、自宅軟禁になる前に行った演説で次のように言っている。「誠実さをもって、全ての人々が行動すれば、私たちの国は繁栄するのです。国が繁栄すれば、後世の人々は、尊厳をもって、世界の中心に位置することができるでしょう」［アウンサンスーチー、一九九六年：七二］。

彼女の目標は、国の繁栄、尊厳ある国民・国家の創出、いわば世界に冠たるミャンマーを創り出すことにある。この強烈なナショナリズムに裏打ちされた目的意識は、実に坪内の描いたマハティール論の主張と共通したものがある。しかしながら、その目的を達成する方法において、双方の違いは明白になる。

坪内のマハティール論では、まず経済発展によって欧米と肩を並べ、国民一人一人の自信を回復させ、そのことによって欧米優位の価値観の支配から人々を解放しようとする。それ故、マハティールがまず民衆に迫る自己変革は、アジア的な経済発展にとって必要不可欠と考える、集団の利益を優先すること、規律・忠誠・勤勉といった労働倫理を身につけることとされる。もちろん、坪内はそれだけで終わらず、マハティールの思想に、イスラームの価値観の見直しによる政治・社会変革という意図を読み取ろうとしている。しかし、どのような意味において、欧米の価値を超える価値の創出に向かうのかといった点に関しては、坪内のマハティール論では十分な議論が展開されてきたとは言いがたい。

これに対して、アウンサンスーチーは、一言で言えば欧米の価値をも超える価値に基づいた政治体制、社会の創出によって、アジアの復権を果たそうと考えてる。彼女は、まず、政治の在り方の問い直しから始める。彼女にとって、政治とは権力の獲得を目指すパワー・ゲームではない。政治とは「真理」の実現の場である。ここで言っている「真理」とは、ビルマ語で「アフマン・タヤー」と言う。仏教における「真理」「仏法」をもそれは意味している。民主化運動は、この「真理」の実現のための運動に他ならない。政治と宗教の混同とも思われるこの考え方は、政治と宗教の分離といった西欧近代政治の方向性からすればむしろ逆行しているようにも思われる。しかし彼女は、「政治は人々のことを取り扱うもので、人々と彼らの持つ宗教的な価値観を切り離すことはできない」［アウンサンスーチー、二〇〇〇：三八］という基本的立場に立つ。この点、反近代の代弁者として位置付けられることのあるマハトマ・ガンディーの思想に相通ずるところがある［伊野、一九九六：二八五―二八六］。

また、人権・民主主義思想の捉え方についても、決して西欧思想の受け売りではない。アウンサンスーチーは、そのエッセイ「民主主義を求めて」の中で、人権・民主主義概念が、「慈悲」といった言葉に象徴されるミャンマーの伝統的価値、つまり仏教的価値観の中にも見いだせるとした上で、次のように指摘している。「ビルマの人たちは民主主義を求めながら、外国の政治理論とその実践ばかりでなく、自分たちの社会を形づくっている精神的、知的な価値基準を探求しているのです。」［アウンサンスーチー、一九九一：二六九］。

フランス革命では、自由と平等の基盤を友愛においた。世界人権宣言は、人権の基礎を同胞愛においた。アウンサンスーチーは、「慈悲」の精神を再確認することで、自由・平等、人権といった概念に通ずるものを伝統の中から再発掘しようとしているのである［伊野、一九九六：二八六］。同様に、仏教徒の世界観を背景にした伝統的な支配者と人々との関係を引き合いに出しながら、社会契約という概念は決して西欧固有のものではなく、ミャンマーにおいても古くから存在した考え方であると指摘している［アウンサンスーチー、一九九一：二五四―二六〇］。

こうした主張を見ると、彼女は「時間を超えた仏教的価値と現代的な政治理念を結びつける」といった、いわばミャンマーにおけるルネサンスを目指しているとも言える［アウンサンスーチー、二〇〇〇：七九、一九九六ⓑ：二六］。「西洋」と「東洋」の調和的融合の試みがそこには見いだせる。そして、この難事業をミャンマーにおいて実現したときはじめて、西欧近代が生みだした人権・民主主義概念を包含した「真理」、世界に誇るべき新たな価値をミャンマーの人々自身が創出したことになる。こうした価値を「世界中が驚きをもって称賛しているミャンマー国民の非暴力革命」［アウンサンスーチー、一九九六ⓐ：五五］を通じて、現実の政治において実現することによってはじめて、世界に誇るべきミャンマー国民が生まれるのだと考える。

さらに、重要なのは、ここで何気なく言われている「非暴力」という方法である。ガンディーの思想的影響を受けたとする彼女にとって、「非暴力」は、単に暴力を用いないという戦術のみを意味するものではない。彼女は、民衆に対する演説の中でしばしば、「民主主義が獲得できればそれで良い、どのような手段を用いても獲得できれば良いのだとは私は考えていません」［アウンサンスーチー、一九九六年ⓐ：一〇二］と訴えている。この点においても、ガンディー思想の根幹をなす目的と手段は分かち難く結びついているのだという考え方と相通じている。こうした考え方はいわゆるマキャベリ的な目的合理性を追求する近代政治とは、異質なものであることはまちがいない［伊野、一九九六：二八六―二八七］。

アウンサンスーチーの思想は、その目的、手段のいずれをとっても決して西欧近代の受け売りとは言い難い。人権とか民主主義を非暴力的手段で確立していくことは、一つの目的でもあるが、それはまた同時に国家・国民の尊厳を回復するための手段なのである。これは、民衆にとって極めて厳しい要求である。しかし、厳しいが故に、それを達成したとき自らの人間として尊厳の回復につながる。それ故、アウンサンスーチーが民衆に、自らの義務・責任を自覚し、誠実さと規律をもって勇敢に行動するよう自己変革を求めるのは、不当な権力に対する非暴力的な運動、日々の実践を通じて、自らを自らが鍛え上げ、人権・民主主義概念を含む「真理」を自らの内に確立するためである［伊野、一九九六：二八八―二九〇］。

このように見てくると、アウンサンスーチーは西欧近代的価値の狂信的信奉者であるといった捉え方が、いかに一面的なものであるかが理解できる。彼女の思想もまた一つの「アジア復権論」として位置付けることができる。しかし、それは、経済的発展を、マレー人の自信の回復にとっての前提・手段とする「マハティール的アジア復権論」とは決定的な違いがあるし、押村が理念化した「儒教的アジア的価値論」とも大きな隔たりがある。

四　おわりに

本稿では、現在特に民主主義論との関係で注目を集めている「アジア的価値論」「アジア復権論」について、どのような議論が行われているのか、またミャンマーを対象とする地域研究者としてそのような議論にいかなる危惧を抱いているのかについて論じてきた。現在の「アジア的価値」を巡る議論は、単なる「『Ｎｏ』と言えるアジア」といったレベルを超え、一層の深まりを見せている。その反面、坪内や押村の議論のような「アジア的価値論」や「アジア復権論」に関する固定化、概念化・理念化が「主流」となりつつある。そうした状況下、これまでの議論を全面的に否定するのではなくむしろ積極的に相対化して行く作業が必要不可欠であろう。

その際、梶原の以下のような問題提起の意味を十分に考えていく必要があろう［梶原、一九九八：二五六］。

①アジアがどのような民主主義を目指すのか、どのようにそれを達成していくのかが課題となるのであって、アジア社会が民主主義の理念と適合しないとか、アメリカ流の民主主義が根づかないのはアジアの「後進性」の表れであると断定することは危険であること。

②民主主義の意味を認めたうえで、アジアの文化や価値観のなかに民主主義的な理念や価値の断片と同じものを探し求めることは不適切であること。

この指摘を踏まえたうえで、坪内、押村の議論や、本稿での議論を再検討してみると、いずれも梶原の問題提起に十分応え得るものではない。まず、押村の議論では、固定化・理念化された「儒教的アジア的価値論」が前提とされ、その戦略的可能性を探ることに主眼がおかれているため、梶原が①で指摘するアジアがどのような民主主義を目指すのかといった点に関する議論の萌芽がみられない。この傾向を、単純に押村の持つアジアの後進性認識の反映と見なすことはできないにしても、彼の議論は極めて現状維持・現状肯定的な議論であると言うことはできよう。

他方、坪内の研究や本稿のアウンサンスーチーの「アジア復権論」における、民主主義と伝統との関連についての議論では、梶原の指摘する②の危険性が存在していると言わざるを得ない。しかしながら、マハティールやアウンサンスーチーの主張をはじめから実現不可能な空論として片づけてしまう場合、逆に梶原が指摘する①のアジアが目指すべき民主主義として何をイメージしているのかも見えてこない。

いずれにしても従来具体的に提示されてきている議論は、梶原の指摘する①②を十分に満足させるものではない。むしろ、ますます押村の議論のように極度の概念化、モデル化が進んでいるのが現状であろう。梶原の問題提起を真摯に受け止めるとするならば、今後、議論の方向性は、より具体的な事例研究の積み重ね以外にあり得ない。

その時、特に重要となってくるのは、梶原の右の指摘に留意すると共に、③として、目指すべき民主主義の内容は誰がどのような背景をもって考えだし、それが現実の社会の中でいかなる意味を持つのかという点に関する考察である。

アウンサンスーチー論との関連からすれば、彼女の思想を研究し、そこに新たな「アジア的価値」「アジア復権論」の萌芽を読み取ることと、それが現実のミャンマー社会に生きる人々にどのように浸透していき、現実社会をいかに変革していくことができるのかという点への分析が必要不可欠となる。本稿では、坪内、押村的な「アジア復権論」「アジア的価値論」の相対化に重点が置かれたため、アウンサンスーチーの思想と現実社会の関係については議論が欠落している。しかしながら、本来「アジア的価値」を語るのであれば、そうした論点を抜きにしては語れまい。地域研究的裏付けのない「アジア的価値論」は、砂上の楼閣にすぎないとも言える。

参考文献

アウンサンスーチー［一九九一］ヤンソン由美子訳『自由』集英社。

――［一九九六ⓐ］伊野憲治編訳『アウンサンスーチー演説集』みすず書房。

――［一九九六ⓑ］土佐桂子、永井浩訳『ビルマからの手紙』毎日新聞社。

――［二〇〇〇］大石幹夫訳『希望の声――アラン・クレメンツとの対話――』岩波書店。

青木保［一九九八］「序――今なぜ『アジア的価値』論か」青木保、佐伯啓思編著『「アジア的価値」とは何か』TBSブリタニカ。

伊野憲治［一九九六］「解説にかえて：真理を唯一の武器として」アウンサンスーチー［一九九六］『アウンサンスーチー演説集』みすず書房。

押村高［一九九八］「『アジア的価値』の行方——デモクラシーをめぐるアジアと西洋の対話」天児慧編著『アジアの二一世紀——歴史的転換の位相——』紀伊國屋書店。

梶原景昭［一九九八］「『アジア化』の進展とデモクラシー」青木保、佐伯啓思編著『「アジア的価値」とは何か』TBSブリタニカ。

ソピー、ノルディン［一九九七］「地球を読む」『讀賣新聞』一九九七年一月一三日。

坪内隆彦［一九九四］『アジア復権の希望マハティール』亜紀書房。

萩原宜之［一九九六］『ラーマンとマハティール』岩波書店。

Kim Dae Jung［1994］"Is Culture Destiny? : The Myth of Anti-Democratic Values," *Foreign Affairs*, Vol.73, No.6.「文化は果たして宿命か」『中央公論』一九九五年一月。

根津清［一九九四］『マハティール　アジアの世紀を創る男』ザ・マサダ。

マハティール／石原慎太郎［一九九四］『「ＮＯ」と言えるアジア』光文社。

Zakaria, Fareed［1994］"Culture Is Destiny : A Conversation with Lee Kuan Yew," *Foreign Affairs*, Vol.73, No.2.「文化は宿命である」『中央公論』一九九三年五月。

［追記］本稿脱稿後に出版されたアウンサンスーチー論として、伊野憲治『アウンサンスーチーの思想と行動』アジア女性交流研究フォーラム、二〇〇一年がある。

おわりに――現代デモクラシー論の可能性について

中道　寿一

デモクラシーの語源デモクラティア（dêmokratia）は「人民の支配（権力）」を意味するが、「人民の支配」の実質的内容と、「人民の支配」という政治形態とは区別されなければならない。だとすれば、ここに、デモクラシーの理念と、「政治の本来的な要素」との間に「不可避的な矛盾」の介在する余地が生ずる。すなわち、一方では、「人民の支配」の内容として、自由で平等な人間関係が望ましいにしても、それは、そのまま実現することとの困難な理念的側面を有している。しかし、デモクラシーは、その理念性によって倫理的正当性を獲得することになるのである。他方、R・ミヘルスの「少数者支配の鉄則」という言葉に示されるように、いかなる政治形態であれ、現実の支配は「少数者の支配」であって、たとえ政治社会が「どんなに民主化されても、依然として権力現象であり、組織的強制力を行使できる治者と、然らざる者との関係は不平等」であるならば、デモクラシーの「人民の支配」という政治形態においても、支配・服従関係は貫徹している。

このような「デモクラシーのパラドクス」について、丸山眞男は、次のように述べている。「『人民の支配』ということが理論的に矛盾を含み、そのままの形では実現できないとしても、決して民主主義が無意味なのではなく、むしろそのギャップのゆえにこそ、たえず民主化せねばならないという結論が出てくるわけである。そしてこのためには民主主義を既成の制度として、あるいは固定的なたてまえとしないで、不断に民主化してゆく過程として考える訓練をすることが重要であろう。それによってたえず制度の物神化を排除し、政治権力に免れがたい悪魔性に対して醒めたリアルな認識を持つことが大事である。どのような現実の政治でもそれをある理念の体現という面からだけ見ると、特定の現実を過度に理想化し美化することになり、批判の精神が乏しくなって、ヨリ以上の民主化への精神が失われてしまう。民主主義を含めた何らかのイデオロギーにいかれてしまうと、やがてそれは幻滅と失望に転化する。政治的熱狂と政治的無関心とは、正反対のように見えて、実はウラハラの関係にあるのである。……自由をただ祝福することはやさしい。しかし自由を擁護することは難しく、自由を日々行使するのはさらにずっと困難である。自由は使わなければすぐさびたり、腐ったりするものである。民主的権利は日々行使することによって始めて保たれる。……未来に向かって不断に民主化への努力をつづけてゆくことにおいてのみ、辛うじて民主主義は新鮮な生命を保ってゆける。民主政治ということが本来パラドックスを含んでいるというのはそういう意味である」［丸山眞男、八九―九〇、九三］と。少々長い引用になってしまったけれども、この四〇年以上前に書かれた文章には、現代デモクラシー論の可能性について多くの示唆が含まれている。すなわち、ここには、「デモクラシーの深化と徹底化を、制度、運動、人間のモラル（精神）の三つの部門で追求していく必要」があるということ、デモクラシーは「常に進行形」でいかなければ、その時に達成したデモクラシーの成果すら維持できないということ、すなわち、「永久革命」としての民主主義論が含意されているのであり、したがって、彼の自由民主主義およびナショナル・デモクラシーという基本的枠組の根底に「ラディカル・デモクラシー」を読み取ることができるのである〔千葉眞、一一七〕。

ところで、東欧革命は、デモクラシーに対して「所与の体制の『民主的現実』を批判的に問い、それを欠くレジームの改革運動を導く規範あるいは理念としての本来の地位」〔加藤節、一二〕を再び与えたのであるが、こうした「デモクラシーの挑戦」は、社会主義国および旧社会主義国、途上国においてだけでなく、民主政体としての形式を有する様々な国においても、エスニシティや環境や地域などの問題を契機に、アイデンティティの獲得を目指すマイノリティ・グループの活動の中に認めることができる。したがって、デモクラシーの形成と定着にとって、「人民」の一人一人の主体性と自己責任が重要であることはもちろんであるが、そうした主体性と自己責任を引き受けるためにも、国家デモクラシーからの脱却が必要であろう。J・キーンの言うように、「市民社会を国の制度から切り離し、個々の領域で権力を公的に監視することが、個人や集団の真に豊かな多元化を可能にし、他の考え方や生活の形態を連携し、あるいはそれに対して公然と反対を表明できるようにするための必要条件になる」のであり、そのためにも、デモクラシーを、「歴史を超える理念や決定的真理や人間存在のための安全な大道とされているものとの戦い――権力や『理念』や、それが生み出しがちな悪に対する市民の恒久的な懐疑や不信を維持する戦い」そのものと見なすことが必要である〔猪口孝、一六二〕。

C・シュミットは、あらゆる重要な政治理論には人間観が前提されているとし、「性善説」でも「性悪説」でもなく、人間をプロブレマティックな（問題的な）存在、取扱注意の存在として捉えることの必要性を主張したが、この人間観に従えば、人間の世界にはつねに悪は存在し、完全に除去することはできないということであり、また、完全な善の実現も不可能であるということであり、さらに、完全無欠な理想社会やユートピアのようなものも存在し得ないということである。したがって、「歴史の進展とともに『民主化』が必然的に進行することはない。未来のある時点における完全に民主化された世界の到来を想定すべきではない」のであり、いかなる国においても「民主化」は、つねに「未完のプロジェクト」なのである。

それゆえに、デモクラシーの未来を構想しようとするときには、「現在の傾向を未来に延長するのではなく、現在の条件から未来を発明」〔松下圭一、一四九〕しなければならないのであり、デモクラシー論を展開する場合には、「現に存在している圧倒的な現実の延長線上において物事を思考するのではなく、現実の中により良い未来への兆候を読み取り、二一世紀における新しい一つの可能性について思考すること」〔捧堅二「現代世界とラディカル・デモクラシー」四六〕が大切なのである。そして、今日、グローバリゼーションの進展とともに、国民国家が「唯一の政治生活の単位としての自明性と正統性を失いつつある」とき、以下の点を考慮することが必要であろう。

「民主政治には、おそらく多様なモデルがあり、それらが同等の価値をもつことを認めることが重要になる。……民主政治論争は文化の相対性を認めるものでなければならない。民主政治は地域の条件を踏まえて地域に奉仕するものでなければならず、包括的で普遍的なモデルは存在しない。同時に、文化の相対性が規範的障害になって、国が民主政治や基本的人権を否定することがあってはならない。自らの民主政治の概念を見出そうとする全ての社会や文化がもつコミュニタリアン的傾向と、全ての場所の人が自らの運命を左右できるようになることを望んでいると見るコスモポリタン（世界主義者）的考え方とを包含するような、何らかのバランスを見出す必要がある」［猪口孝、二三］。その意味において、現代デモクラシー論は常に開かれたものでなければならないのであり、その限りにおいて現代デモクラシーとその理論には限りない可能性が秘められているのである。

参考文献

丸山眞男［一九九六］「民主主義の歴史的背景」『丸山眞男集』第八巻、岩波書店。

千葉眞［二〇〇〇］『デモクラシー』岩波書店。

加藤節編［一九九三］『デモクラシーの未来』東京大学出版会。

松下圭一［一九九一］『政策型思考と政治』東京大学出版会。

捧堅二［一九九九］『二一世紀入門』青木書店。

猪口孝＋エドワード・ニューマン＋ジョン・キーン編［一九九九］『現代民主主義の変容――政治学のフロンティア』有斐閣。

あとがき

本書の企画は、一九九八年に遡る。当時、執筆者全員は、学部・学科の改革の真只中にあって、多忙を極めていた。しかし、たとえ、教育および学内行政でどんなに忙しくしていても、研究活動をおろそかにしたくないという、切羽詰った、共通の想いを抱いていた。そのとき、それぞれの研究領域からデモクラシーというキー・ワードを用いて共同作業をしてみようという構想が持ち上がり、これに賛同して参集し、立案されたのが本書の企画である。しかし、学部・学科・大学院の改革が本格化するにつれて、執筆者全員の多忙さもその度を増し、原稿の締切日を年度毎に延長せざるを得なくなった。それでも、最初の原稿が提出されてから全員の原稿が集まるまで、二年という長い時間を要した。早くから原稿を出されていた執筆者には大変ご迷惑をおかけした。編者として深くお詫び申し上げるとともに、このような形で、気鋭の執筆者諸氏と一緒に仕事ができたことを光栄に思う次第である。

それにしても、学科改組、大学院改革、カリキュラムの大幅見直し、セメスター制の導入、授業評価、外部評価など矢継ぎ早の取り組みの中で、北九州市立大学教務課の法学部担当の方々には大変お世話になった。とりわけ、当時の教務課長富高正雄氏、第三係長三ッ廣託規氏、原昭仁氏、古賀淳子さん、現在の教務課長岩宮正徳氏、第三係長松本美智雄氏、本城伸司氏、磯部伊佐子さんには、ご迷惑をおかけした。厳しい助言と温かい激励の言葉がどれだけ私たちの心の支えになったか分からない。大学における教員と職員のあるべき関係を示してくれたことに対して、執筆者を代表してお礼申し上げたい。

また、この企画の突然の申し出を快諾してくれた日本経済評論社の社長栗原哲也氏と編集を担当してくれた宮野芳一氏にお礼申し上げたい。「死に急ぐな、生き急げ」という栗原氏の言葉は今でも耳に残っているし、私たちにとっては長い時間を要した企画であっても受ける側にとっては突然の申し出であったにもかかわらず、手際の良い、心温まる対応をしてくださった宮野氏のいつもながらの髭の笑顔が忘れられません。衷心よりお礼申し上げます。

二〇〇三年三月二五日

執筆者を代表して　中道　寿一

【マ行】

【ヤ行】

【ラ行】

【ワ行】

【タ行】

【ナ行】

【ハ行】

【サ行】

索　引

【ア行】

【カ行】

【筆者紹介】―執筆順―

中道《なかみち》　寿一《ひさかず》（はじめに，第3章，おわりに）
北九州市立大学法学部教授
主要著書　『政治のデッサン』三嶺書房，1998年。
　　　　　『君はヒトラー・ユーゲントを見たか』南窓社，1999年。

竹中《たけなか》　佳彦《よしひこ》（第1章）
北九州市立大学法学部教授
主要著書　『日本政治史の中の知識人（上下）』木鐸社，1995年。
　　　　　『現代日本人のイデオロギー』東京大学出版会，1996年。

力久《りきひさ》　昌幸《まさゆき》（第2章）
北九州市立大学法学部教授
主要著書　『イギリスの選択　欧州統合と政党政治』木鐸社，1996年。
　　　　　『変化をどう説明するか：政治編』木鐸社，2000年。

上脇《かみわき》　博之《ひろし》（第4章）
北九州市立大学法学部教授
主要著書　『政党国家論と憲法学』信山社，1999年。
　　　　　『政党助成法の憲法問題』日本評論社，1999年。

田村《たむら》　慶子《けいこ》（第5章）
北九州市立大学法学部教授
主要著書　『アジアの社会変動とジェンダー』明石書店，1999年。
　　　　　『シンガポールの国家建設』明石書店，2000年。

伊野《いの》　憲治《けんじ》（第6章）
北九州市立大学法学部教授
主要著書　『ビルマ農民大反乱』信山社，1998年。
　　　　　『アウンサンスーチーの思想と行動』（財）アジア女性交流・研究
　　　　　フォーラム，2001年。

現代デモクラシー論のトポグラフィー

2003年5月1日　第1刷発行

定価（本体2200円＋税）

編著者　中　道　寿　一

発行者　栗　原　哲　也

発行所　株式会社 日本経済評論社

〒101-0051　東京都千代田区神田神保町3-2

電話03-3230-1661　FAX03-3265-2993

E-mail: nikkeihy @Js7. so-net ne. jp

URL: http://www. nikkeihyo. co. jp

装幀＊OPA企画　シナノ印刷・協栄製本

落丁本・乱丁本はお取替えいたします.　Printed in Japan

© H. Nakamichi et. al., 2003

ISBN 4-8188-1473-3

R〈日本複写権センター委託出版物〉
本書の全部または一部を無断で複写複製（コピー）することは，著作権法上での例外を除き，禁じられています．本書からの複写を希望される場合は，日本複写権センター（03-3401-2382）にご連絡ください．